DU MÊME AUTEUR

Dans la même collection
PATRICK DEWAERE (1985).

Dans la collection « Album photos »
JOHN WAYNE (1984).
FRANK SINATRA (1985).
ELVIS PRESLEY (1985).
RITA HAYWORTH (1985).
CLINT EASTWOOD (1985).

Aux éditions Distar
DICTIONNAIRE MONDIAL DES COMÉDIENS.

Christian Dureau

WOODY ALLEN

éditions **PAC**

Propriété des Imprimeries Delmas
Collection « Ciné-Poche »
dirigée par Francis Le Goulven
3, rue Saint-Roch, 75001 Paris
Tél. : 261.50.17

INTRODUCTION

L'humour juif américain a conquis le monde par l'intermédiaire de Woody Allen.

Avant lui, les rois de l'absurde, du non-sens, qu'étaient les Marx Brothers avaient créé un humour qui leur était propre, révolutionnant le cinéma comique américain. Un cinéma qui avait pourtant déjà ses lettres de noblesse grâce à des génies tels Harold Lloyd et Buster Keaton et allait bientôt découvrir un autre géant du rire : W. C. Fields.

Mais Woody Allen, c'est autre chose. Non seulement il possède un sens de l'humour tout particulier mais de plus, c'est un cinéaste génial qui a maintenant atteint le sommet de son art et nous l'a déjà prouvé au travers de quelques chefs-d'œuvre. Woody Allen ne fait aucune concession, ne cherche pas à plaire aux spectateurs : il reste tel qu'il est, dit ce qu'il a envie de dire, montre ce qu'il veut montrer, et fait tout cela avec un talent immense. Il séduit par son esprit, il émeut, il bouleverse, il fait rire aux larmes. Et même si à ses yeux le qualificatif comique peut paraître péjoratif, aux nôtres c'est le plus grand des compliments.

I

Martin Konigsberg est un homme d'une trentaine d'années qui connaît bien des difficultés financières au sortir de la grande dépression de 1928. Il occupe divers emplois, restant rarement dans la même société plus de trois mois. On le trouve ainsi barman, chanteur-animateur dans un cabaret, représentant en joaillerie, chauffeur de taxi... Konigsberg est surtout un pauvre Juif qui a sa famille à nourrir et qui doit prendre soin de sa femme Nettie Cherrie. Pour peu qu'on lui offre quelques dollars à gagner, il n'hésite donc pas à travailler, même si l'emploi est dur, harassant même, sans avenir. De petits métiers en petits métiers, contraint fréquemment de déménager sans avoir payé son loyer, Martin Konigsberg ne voit guère les années à venir en rose. Sa seule joie, c'est sa famille...

Son épouse Nettie occupe une place plus stable : elle est caissière dans un grand magasin de fleurs, à Manhattan.

Le 1er décembre 1935, à Brooklyn, leur enfant Allen Stewart voit le jour. Il a les cheveux roux, déjà de grands yeux étonnés sur le monde. Dès sa plus tendre enfance, il connaît les difficultés de la vie, jouant dans les rues avec d'autres garçons dont il est souvent le souffre-douleur et qui l'ont baptisé « Red » parce qu'il est rouquin.

Sur son enfance, Woody Allen révélera plus tard de nombreuses choses, la plupart hélas étant pur produit de son imagination fertile. Ainsi, à propos de ses parents, lorsqu'on lui demandera s'il aimait son père et sa mère, il répondra simplement :

« Je me demande si mes parents, eux, m'aimaient vraiment. Un jour que je voulais un nounours, ils en ont mis un dans mon berceau, mais il était vivant ! »

Pour décrire son père, il dira :

« C'est une sorte de nabot qui ressemble à Fernandel. »

Quant à sa mère, il dira d'elle :

« Ma mère c'est Groucho tout craché. Parfaitement. Elle ressemble à Groucho Marx et parle exactement comme lui. »

Etre hybride, Woody insiste lourdement sur son physique afin de mieux atténuer son manque de séduction. Il se dit le fils monstrueux d'un accouplement entre Fernandel et Groucho Marx. Mais n'oublions pas qu'il a toujours eu une grande admiration pour ces deux acteurs et en particulier pour Marx, son véritable maître.

En 1944, Woody, que ses parents appellent toujours Allen puisque tel est son prénom, voit naître sa petite sœur Lettie. Il est un gamin de neuf ans et l'arrivée de cette enfant l'attendrit. Par contre, à l'extérieur, il devient de plus en plus dur pour se faire respecter.

Un jour qu'il se rend à sa leçon de violon, un garçon de sa classe beaucoup plus grand et beaucoup plus fort que lui se moque de la musique et continue de l'appeler « Red ». Allen se jette alors sur lui sans crainte de briser ses lunettes, le renverse au sol, le martèle de coups de poings et lui déclare sans souci des conséquences :

« Je ne m'appelle pas Red. Si tu veux me parler, appelle-moi M. Allen ! »

Le violon a beaucoup d'importance pour le petit garçon. Par moments, il souhaite vraiment faire une carrière musicale, étudier peut-être le piano, devenir un grand maître. Par contre, il déteste l'école. Il refuse de faire ses devoirs, préférant jouer au base-ball dans les terrains vagues voisins. C'est parce qu'il est si obstiné que ses copains – qui n'osent plus l'appeler le rouquin – le baptisent désormais Woody, ce qu'on pourrait se traduire par « Tête de bois ».

« J'étais nul en orthographe, encore pire en grammaire, et je haïssais mes profs qui me le rendaient bien. Mes parents étaient si souvent convoqués par le directeur qu'ils finissaient par être connus de tous les autres élèves. Mais même cela ne me faisait pas honte ! »

Bon an mal an, les années passent et si la situation financière de Martin Konigsberg ne s'améliore guère, le petit Allen grandit et poursuit ses études tant bien que mal. Il entre à la Midwood High School, se classant régulièrement à la dernière place de la classe. Malheureusement pour lui, Woody-Tête de bois est très intelligent et tout ce qu'il entend entre dans son cerveau, qu'il le veuille ou non. Ainsi, en dernière année d'études, il obtient presque malgré lui la moyenne à ses examens. Couronné, il dira son profond dégoût du système éducatif américain.

« L'éducation ce sont des travaux forcés. »

Cette éducation lui a tout de même donné le goût de la littérature, même si ce sont presque toujours des romans policiers que Woody dévore (son auteur préféré : Mickey Spillane). Il apprécie aussi les bandes dessinées, garde une passion pour la musique et ne dédaigne pas le sport, pour lequel il n'est pourtant visiblement pas fait. Il manque de muscles, mais cela ne l'empêche pas de pratiquer la boxe et le base-ball ! Il réussit à entrer dans l'équipe de la Police Athletic League de Brooklyn, une équipe semi-profession-nelle de grande valeur, toujours bien placée dans les championnats américains. Quant à la boxe, après de nombreux combats poids plume, Woody réussit à se qualifier dans « le championnat des Gants d'Or ».

Ses occupations para-scolaires ne sont pas faites pour réjouir ses parents qui rêvent pour Allen d'une brillante carrière. Le jeune homme entre donc à l'Université de New York pour faire plaisir à son père. Il voudrait tout de même continuer le sport mais il sait qu'il doit choisir :

« J'avais un uppercut vicieux mais mon père a refusé de signer les papiers pour mon engagement. En tant qu'aîné d'une famille juive, j'étais censé devenir chirurgien, avocat, ou à la rigueur Président des Etats-Unis. Pas boxeur. »

Allen Konigsberg est renvoyé de l'Université à la fin de sa première année d'études. Il est donc contraint de travailler, de trouver une carrière qui lui convienne. Mais quel métier choisir, pour lui qui se dit inculte, qui n'a de vagues connaissances que dans la bande dessinée ?

« J'ai suivi des cours de lecture accélérée. J'ai réussi à lire tout *Guerre et Paix* en vingt minutes. Ça parle de la Russie... Je voulais devenir agent secret mais il faut mesurer 1,70 m et avoir 10 sur 10 de vision. Alors j'ai envisagé de devenir un super-criminel, mais il faut mesurer 1,70 m et avoir 10 sur 10 de vision aussi. »

Toujours de l'humour pour raconter son passé. En fait, dans ce milieu des années cinquante, Allen n'a guère envie de rire. Il commence à envoyer des sketches comiques à des journaux afin de gagner quelques dollars comme pigiste et de se faire connaître par les rédacteurs en chef des revues humoristiques. La plupart des journaux de l'époque possèdent des colonnes de potins dans lesquelles on peut lire des bons mots prononcés, paraît-il, par quelques vedettes de l'écran, du show-business ou de la politique. En fait, ces bons mots sont inventés par des auteurs anonymes, pleins d'imagination, payés 5 dollars par phrase publiée.

Cinq dollars, c'est une véritable petite fortune pour Allen qui a dans la tête des dizaines, des centaines même de phrases prêtes à être affinées, écrites puis publiées. Tous les journaux de New York sont inondés des envois du jeune homme et bien sûr s'en réjouissent. L'humour est encore rare dans la presse des années cinquante. Des amis de Woody Allen raconteront plus tard qu'ils l'ont vu écrire une bonne trentaine de gags, de « mots d'auteur », durant un simple trajet en métro. Même si la moitié d'entre eux seulement était publiée, cela lui rapportait la bagatelle de 75 dollars en échange d'un simple ticket de métro !

Woody Allen en veut davantage. L'argent c'est bien, ça permet de vivre, mais ça n'apporte pas la gloire. Il envisage donc de monter un numéro de cabaret, dans un style W. C. Fields, et de parcourir les cabarets de la région. Son numéro est presque au point lorsque le journaliste Earl Wilson apporte la célébrité à Woody en révélant aux lecteurs qu'il est l'auteur de quantité de phrases humoristiques. Désormais Allen va pouvoir signer ses articles de son nom. Ou plus exactement de son prénom. C'est ainsi que, très vite, les lecteurs du journal prennent goût à ces écrits.

Parmi eux, David Alber, un attaché de presse littéraire qui cherche justement un « nègre » pour quelques auteurs célèbres. Il propose à Allen de l'engager. Le contrat est signé une semaine plus tard.

A dix-neuf ans, s'il continue à suivre, le jour, des cours de cinéma à l'université, Woody Allen travaille le soir comme auteur anonyme et bientôt comme gagman. Il envoie en effet des sketches comiques et des histoires drôles à des chroniqueurs comme Ed Sullivan, le plus célèbre des présentateurs de télévision. Ces sketches sont interprétés par quelques grands noms de l'humour : Buddy Hackett, Peter Lind Hayes, Pat Boone et surtout Bob Hose, Art Carney et Sid Caesar. Si bien que Woody Allen gagne près de 500 dollars par mois, une somme que son père mettait un an à amasser ! Il n'a pas encore vingt ans...

La chaîne de télévision N.B.C. est décidément séduite par le talent de Woody puisqu'elle n'hésite pas à l'engager à temps complet. Non seulement son cachet hebdomadaire est très intéressant, mais ce qui réjouit le plus le jeune homme, c'est d'être payé pour faire rire les gens, pour écrire tout ce qu'il a envie d'écrire, tout ce qui lui passe par la tête. De plus, il dispose de pas mal de temps libre et en profite pour commencer une psychanalyse, un domaine qui l'a toujours passionné et qui le passionne encore aujourd'hui.

A N.B.C., Woody Allen fait la connaissance des autres gagmen de la chaîne. Parmi ceux-là, un certain Mel Brooks qui, lui aussi, fait son apprentissage. Les deux hommes sympathisent, n'imaginant pas encore qu'ils vont devenir tous deux les plus grands noms du cinéma comique, quelque vingt ans plus tard.

Le « Garry Moore Show », l'un des plus célèbres shows de la télévision américaine, fait une grande consommation de gags et semble convenir tout particulièrement à l'humour de Woody. C'est pour cette raison qu'il y est bientôt complètement attaché et gagne désormais 1 500 dollars par semaine, comme rédacteur...

Il a vingt-deux ans lorsque Charles Joffé et Jack Rollins – qui seront par la suite, ses producteurs – le persuadent d'interpréter ses propres textes afin d'exploiter au maximum ses possibilités comiques. Woody se fait un peu tirer

11

l'oreille, mais comme, au fond de lui, c'est son plus grand désir, il accepte assez rapidement. Il se met donc à écrire pour lui-même et fait ses débuts de « Standup-comic » en 1961, au « Duplex » de Greenwich Village. Une douzaine de clients seulement dans la salle ! Il faut dire que le cabaret est minuscule et ne peut pas contenir, de toute façon un millier de personnes ! Néanmoins, Woody s'inquiète un peu pour son avenir de showman. Trois jours plus tard, il est prêt à abandonner et en fait part à Joffé et Rollins. Les deux hommes ne le quittent pas depuis ses débuts sur scène, assistant à chaque représentation, depuis les coulisses. Ce troisième soir, Woody s'écroule sur sa chaise, dans sa petite loge, et annonce à ses agents :

« Vous voyez bien que c'est inutile de persévérer. Ça ne marchera pas. Je n'ai pas le physique. Je pense qu'il vaut mieux laisser tomber tout de suite avant que mes bides ne se remarquent... »

Mais Joffé et Rollins, même s'ils sont jeunes eux aussi, sont des professionnels. Ils savent que Woody Allen a beaucoup de talent et qu'il doit s'en persuader afin d'affiner ses capacités, de séduire les spectateurs. Ils tentent de le prendre par la douceur pour le lui faire comprendre mais, n'obtenant guère de résultats, ils se fâchent. Woody Allen est contraint de poursuivre son numéro car ils se sont engagés en son nom pour deux semaines.

« Comme nous avions peur qu'il se sauve un soir sans nous prévenir, nous le suivions en permanence au cabaret afin que le contrat soit respecté », raconteront plus tard les deux hommes.

De son côté, Woody commence à acquérir une certaine assurance. Il découvre ce qui amuse le public, insiste sur certains sketches, élimine certaines phrases tombant à plat, se crée peu à peu un nouveau numéro, sur le tas. Et bientôt, les douze spectateurs deviennent une trentaine, puis une cinquantaine. Woody commence à être si applaudi qu'il en néglige son travail à la télévision. Il change de cabaret, se produit au « Bitter End » à partir de novembre 1962. En une année, il est devenu un homme de scène, a fait disparaître ses faiblesses, s'est découvert une silhouette, une attitude, des mimiques.

Adler et Feinman, auteurs d'un ouvrage sur Woody Allen, racontent comment le jeune artiste a décidé de laisser tomber son travail d'auteur au bénéfice de celui d'acteur :

« Il perdit son boulot à la télévision parce qu'il arriva en retard un matin pour servir la soupe à Garry Moore qu'il était censé rendre drôle. La raison en était qu'il avait passé une partie de la nuit à tenter de rendre drôle Woody Allen. Pour la première fois depuis qu'il travaillait, il ne gagnait plus un sou. Son mariage battait de l'aile, son numéro de cabaret rapportait des clopinettes et il pleuvait... Il est typique de Woody que, devant faire face à une telle accumulation de malheurs, il prit la situation à bras-le-corps. Il devenait vital qu'il soit drôle. Il allait le devenir... »

S'il était un auteur reconnu et gagnait largement sa vie comme tel, il commençait donc maintenant à devenir un interprète un peu plus sûr de lui. Comme il ne ressemblait à aucun autre comique de l'époque, il surprenait d'abord le public, puis se faisait accepter par lui, avant d'être vraiment acclamé. Comme le dit John Rollins :

« Woody présentait d'un malade mental : dandinement, longs silences, voix hésitante. Le cas social ! Freud et Kafka ne faisaient rire personne... Nous avons essayé de le raisonner : il n'a jamais rien voulu changer à son style. Il se battait contre le public. Et il a fini par le mettre K.O. »

En effet, les night-clubs de la ville puis bientôt d'autres grandes villes américaines entendent parler de lui, font appel à lui. Il part en tournée à Chicago et San Francisco, revient à New York pour se produire au « Blue Angel », connaît un véritable triomphe. Il fait bientôt ses débuts à la télévision, en tant qu'interprète dans le « To-night show ». Une émission pour laquelle il avait travaillé en tant que gagman quelques années plus tôt.

Woody Allen est marié depuis 1954. Il a en effet épousé cette année-là Harlene Rose, une jeune fille qui avait trois ans de moins que lui –, c'est-à-dire seize ans. Harlene va rester son épouse jusqu'en 1959, époque à laquelle Woody commençait à se lancer sur scène.

Aujourd'hui qu'il est une vedette, il est redevenu célibataire mais ne s'en plaint pas. Il a maintenant vingt-sept ans, tout l'avenir devant lui, des projets plein la tête. La télévision lui sourit, le cinéma commence à lui faire des clins d'œil, alors qu'importe l'amour !

L'amour, Woody l'utilise beaucoup pour faire rire, en particulier aux dépens de sa jeune ex-épouse. Si Harlene était gentille, intelligente, elle possédait aussi une très forte poitrine, ce qui allait toujours beaucoup marquer Woody. Ainsi, sur scène, s'il aime se moquer des femmes en général, il semble le faire avec plus de plaisir et plus d'humour encore d'Harlene. Parmi ses sketches, il déclare par exemple :

« Au Muséum d'Histoire Naturelle, ils ont trouvé une vieille chaussure de ma femme. A partir de là, ils ont reconstitué un dinosaure. »

Il dit aussi :

« Ma femme a gardé la maison, la voiture, le compte en banque, quand nous avons divorcé. Si jamais je me remarie et si j'ai des enfants, elle pourra les garder aussi ! »

Il déclare encore :

« Nous avons discuté longtemps pour savoir si nous devions divorcer ou prendre quinze jours de vacances. Puis nous sommes tombés d'accord : les vacances n'ont qu'un temps tandis qu'un divorce est plus avantageux ! »

Ne croyez pas cependant qu'Harlene soit la seule tête de Turc de Woody. Il s'attaque beaucoup au percepteur, aux voitures, à la justice, aux opprimeurs. Il raconte aussi quelques histoires particulièrement drôles comme celle-ci, reprise dans tous les livres qui lui ont été consacrés aux Etats-Unis :

« Un jour j'ai tué un élan. Je chassais dans le nord de l'Etat de New York et j'ai tué un élan, alors je l'attache sur l'aile de ma voiture et je rentre à la maison. Mais je ne m'étais pas aperçu que la balle n'avait pas pénétré, lui avait simplement effleuré le crâne. Il n'était qu'assommé. Me voilà en plein sous le Holland Tunnel, et l'élan se réveille. Moi, je pilote ma voiture avec un élan vivant sur mon aile. L'élan avertit qu'il veut tourner, et il existe une loi dans l'Etat de New York interdisant de conduire avec un élan sur l'aile les mardis, mercredis et samedis. Moi, ça me flanque la frousse et tout à coup, il me revient que des amis à moi donnent une soirée costumée. Je vais y aller. Je vais emmener l'élan. Je l'inviterai à la soirée. Ensuite, je n'en serai plus responsable. Alors je vais chez les gens, je frappe à la porte, l'élan à mon bras. Mon hôte ouvre la porte. Je lui dis "Hello". Je présente l'élan aux Salomon. Nous entrons. L'élan se mêle aux invités. Il se débrouille bien, il drague. Un type essaie de lui vendre une assurance pendant une heure et demie. Puis minuit sonne. On distribue des prix pour les costumes les plus réussis... Et le premier prix est destiné aux Berkovits, un couple déguisé en élan. L'élan n'a que le deuxième prix. L'élan est furax. Lui et les Berkovits croisent leurs andouillers en plein milieu du salon. Ils tombent tous dans les pommes. Alors je me dis, voilà ma chance. J'empoigne l'élan, l'attache sur l'aile de ma voiture et regagne la forêt... seulement j'ai embarqué les Berkovitz ! Et me voilà pilotant avec deux Juifs ficelés sur mon aile, ce qui est formellement interdit par la loi de l'Etat de New York... les mardis, les jeudis... et particulièrement les samedis. Le lendemain matin, les Berkovtz se réveillent dans les bois, déguisés en élans. M. Berkovitz est abattu par un chasseur, empaillé et exposé au New York Athletic Club... »

Le cabaret semble donc être l'avenir pour Woody qui ne songe pas actuellement à une autre forme d'expression.

Au « Blue Angel », il se produit devant des spectateurs enthousiastes, parmi lesquels se mêlent fréquemment quelques grandes vedettes de l'écran, quelques producteurs, quelques réalisateurs.

Charles K. Feldman, un ancien avocat devenu impresario puis producteur, parce qu'il était fatigué de défendre les intérêts de ces mythes qui avaient pour noms Garbo, Dietrich, Monroe ou Wayne, se rend un jour au « Blue Angel », accompagné de Shirley McLaine. Il ne connaît pas Woody Allen, n'a même jamais entendu parler de lui. On lui a simplement dit qu'un jeune homme à l'air triste et au visage rempli de taches de rousseur se produisait dans ce cabaret new-yorkais et faisait rire aux larmes toute la salle.

Feldman est connu à ce jour pour avoir produit *Sept ans de réflexion* et *Un tramway nommé Désir*, entre autres, deux films qui avaient triomphé à travers le monde. En cette année 1964, il n'a pas de projet en tête mais cherche un scénario solide pour frapper un nouveau grand coup. Il est tout de suite séduit par Woody Allen à l'humour si original et si grinçant qu'il lui rappelle S. J. Perelman, le premier dialoguiste des Marx Brothers. Quelques jours plus tard, après avoir passé une excellente soirée, il pense à Allen pour lui confier le script de *What's new Pussycat,* un scénario qui se veut comique mais qui a été rejeté par tous et qui traîne depuis de longs mois au fond d'un tiroir. Il prend rendez-vous avec Allen, lui propose la bagatelle de 60 000 dollars pour réécrire ce texte sans consistance. Joffre et Rollins, avant de connaître la somme offerte, étaient prêts à exiger 35 000 dollars pour leur poulain !

Woody accepte très vite ce travail, analyse le sujet, qu'il trouve quelconque, déclare au producteur qu'il préférerait rédiger un nouveau texte plutôt que de tenter d'améliorer celui qu'il a entre les mains. Le scénario original avait été écrit pour Gary Grant, lequel l'avait bien sûr refusé. Woody Allen écrit son texte sans penser à un acteur précis. Moins de deux mois plus tard, il rend son nouveau scénario à Charles Feldman. Le producteur le fait lire à Warren Beatty... qui le repousse à son tour.

Un peu déçu, Woody Allen écoute sagement les conseils et les reproches de Feldman et se remet une seconde fois au travail. Il s'éloigne davantage encore de l'histoire originale, fait une nouvelle mouture beaucoup plus solide, beaucoup plus percutante, beaucoup plus drôle surtout. Feldman est enthousiasmé par ce second script, engage aussitôt un jeune réalisateur britannique nommé Clive Donner et met le projet sur pied avant même de le faire lire à des comédiens de renom. Quand le producteur demande à Woody Allen son opinion sur le sujet, la réponse du scénariste ne se fait pas attendre :

« J'ai écrit le rôle de Fassbender, le psychiatre, pour Groucho Marx, et je me verrai très bien dans le premier rôle masculin ! »

Feldman n'insiste pas et engage quelques jours plus tard Peter Sellers pour être Fassbender et Peter O'Toole pour devenir le héros séduisant Michael James. Entre-temps, les deux hommes se sont un peu querellés et plusieurs conflits sont nés. Agacé, Feldman est prêt à regretter d'avoir connu

Allen. Il comprend qu'il vaut mieux pour tous deux éviter de se rencontrer et de discuter...

Le script est confié à plusieurs comédiennes internationales qui toutes acceptent le rôle. Romy Schneider, Ursula Andress et Capucine sont finalement les heureuses élues pour donner la réplique à O'Toole, encore tout auréolé du succès de *Lawrence d'Arabie*, et à Sellers, comique britannique numéro un.

Quant à Woody Allen, frustré, il se voit attribuer un rôle secondaire.

L'équipe du film s'installe à Londres où elle va rester six semaines afin de préparer le tournage. Finalement, Feldman décide de partir pour Rome, pensant y trouver des conditions plus propices. Six nouvelles semaines dans la capitale italienne, puis nouveau déménagement pour venir à Paris cette fois. Là, le film va enfin pouvoir être mis en boîte.

Woody Allen est le seul à ne pas apprécier ces voyages inutiles, d'autant plus qu'il est également le seul à se sentir floué, insatisfait du rôle qui lui a été attribué. Tandis que toute la troupe fréquente les plus grands restaurants parisiens, chaque soir, Woody reste seul dans sa chambre et continue de travailler sur son scénario, sur les dialogues du film. Il comprend alors que ce nouveau métier est plus pénible encore que celui d'homme de scène !

Comme le feront remarquer plus tard Adler et Feinman :
« Woody était l'auteur mais n'avait aucun contrôle sur son propre travail. D'ailleurs, personne n'avait de contrôle sur un film de Feldman, si ce n'est Feldman lui-même. Lui et Woody s'empoignaient à tous moments, sur n'importe quel sujet... »

C'est sans doute pour cette raison que, lorsqu'il sera monté, de nombreuses incohérences apparaîtront aux spectateurs, en plus surtout d'un manque de continuité.

Le fait que *Quoi de neuf Pussycat ?* soit tourné en France explique la présence de nombreux comédiens de notre pays au générique, comme Jacques Balutin, Jean Parédès, Robert Rollis, Michel Subor, Daniel Emilfork, etc. N'oublions pas non plus Françoise Hardy qui fait une très brève apparition.

Autre apparition remarquable, celle de Richard Burton,

qui n'est pas mentionné au générique, mais que Peter O'Toole croise dans une boîte de nuit, en une demi-seconde.

Au mois d'août 1965, quelques semaines avant la sortie du film, un grand reportage est publié par *Play-Boy,* sur le tournage de *Pussycat,* mais surtout sur Woody Allen que l'on voit à demi nu dans les bras de strip-teaseuses du Grazy Horse Saloon. Un long article s'étale sur neuf pages à l'intérieur duquel on peut lire quelques phrases intéressantes :

« La version définitive de *Pussycat* résulte du fait que le scénario de deux cents pages est tombé par la vitre d'un taxi. Les pages n'ont jamais été remises dans le bon ordre, la dactylo ayant oublié de les numéroter. Que les Peter O'Toole et Sellers aient accepté d'interpréter les rôles principaux tient du miracle et je suis certain qu'ils auraient refusé le scénario sous sa forme initiale. Je remercie donc le chauffeur de taxi. »

« Mon scénario original relatait les aventures d'un gynécologue psychotique et d'un jockey lithuanien, à la recherche de valeurs stables dans un monde menacé d'invasion par les groupes de musique pop avec Romy Schneider, Capucine, Paula Prentiss et Ursula Andress dans le rôle de Quasimodo. »

« Les Artistes Associés ont jugé le thème un peu trop avant-garde et ont pratiqué quelques changements subtils. Le sujet actuel traite d'un éditeur de modes parisien et d'un psychaitre viennois en rut à la recherche de Romy, Capucine, Paula, Ursula et d'une bande d'effeuilleuses – avec un rôle spécialement écrit pour moi afin de donner un attrait sexuel au film. »

A la fin de l'année 1965, le film sort dans de nombreuses salles américaines. Il est égratigné par la critique mais remporte un très grand succès auprès du public dû en grande partie au prestigieux générique, aux nombreuses jolies filles dénudées encore rares sur les écrans à cette époque, à la chanson qui va faire le tour du monde et qui est interprétée par Tom Jones, enfin au cadre qui sert de décor, c'est-à-dire Paris (la Tour Eiffel, les quais de la Seine, Paris by night...) *What's new Pussycat* va rapporter la bagatelle de 17 millions de dollars, comblant ainsi tous les acteurs, le

18

producteur Charles Feldman qui offre à Peter Sellers une Rolls Royce pour le remercier, et aussi le jeune scénariste Woody Allen qui n'a décidément plus de raison de cracher dans la soupe, même si son talent de comédien n'a guère été remarqué dans son rôle de Victor Shakopopolis.

En France, le public et les critiques vont avoir des réactions opposées à celles des Américains, lors de la sortie du film. En effet, les spectateurs déroutés par le montage, par l'incohérence des situations, se montrent assez réservés, mais *Quoi de neuf Pussycat ?* est couronné par le prix Jean-Georges Auriol – Paul Gibson et obtient des critiques tout à fait enthousiastes.

Aujourd'hui, ce long métrage de Clive Donner a beaucoup vieilli et il n'en reste pas grand-chose sinon une chanson toujours sur les lèvres. Et Woody Allen, qui rêve depuis d'être le collant d'Ursula Andress !

II

En cette année 1966, Woody Allen commence à publier régulièrement des textes dont il est l'auteur, dans *Play-Boy*, mais aussi dans *The Newyorker, Evergreen* et *The New Republic*. Ceux-ci seront rassemblés ultérieurement en deux volumes baptisés *Getting even* (« Pour en finir une fois pour toutes avec la culture ») en 1972, et *Without feathers* (« Dieu, Shakespeare et moi ») en 1972. Un troisième volume de nouvelles, de pensées, paraîtra en 1981 sous le titre *Side effects* (« Destins tordus »).

Si la carrière professionnelle de Woody se précise, sa vie sentimentale connaît elle aussi une période euphorique. Woody Allen a en effet fait la connaissance, quelques mois plus tôt, d'une jeune actrice nommée Louise Lasser. Louise joue d'ailleurs une petite scène dans *Quoi de neuf Pussycat ?* mais elle n'a guère d'autres prestations intéressantes à son actif à ce jour. L'amour est au rendez-vous : le 2 février 1966, Woody épouse Louise. On ne parle guère de ce mariage dans la presse hollywoodienne ou new-yorkaise car le public ne s'intéresse pas encore à la vie privée de Woody Allen. L'acteur préfère cela, lui qui ne s'est jamais répandu en confidences à propos de son passé.

Pas de voyage de noces pour le couple car Woody a beaucoup trop de travail en cette fin d'hiver. Il continue de se produire régulièrement à la télévision, il poursuit la rédaction de sa première pièce de théâtre intitulée provisoirement *Yankee come home,* il travaille ses textes pour les quotidiens et les magazines et surtout il vient d'entreprendre un nouveau scénario dont il n'a pas encore de titre en tête. De plus, un second film va lui être proposé durant les jours suivants.

En 1966 donc, les grands patrons d'American International, James H. Nicholson et Samule Z. Arkoff, acquièrent le droit d'un film d'espionnage japonais de série B, en une époque où James Bond commence à beacoup faire parler de lui et où les sous-007 se multiplient un peu partout à travers le monde, y compris au Japon. Hank Saperstein, producteur et distributeur envisage de projeter tel quel ce long métrage japonais intitulé *Kagi no Kagi.* Tourné en 1964 et réalisé par Senkichi Taniguchi, il s'avère si mauvais qu'aucune salle ne veut prendre le risque de le mettre à l'affiche. Bien que les capitaux investis dans l'affaire ne soient pas considérables, ni les producteurs d'American International ni le distributeur n'ont envie de perdre la totalité de leurs dollars. C'est alors que Saperstein pense à Woody Allen que certains magazines ont qualifié de « conquérant de l'impossible ». Il lui confie la copie, lui laisse carte blanche, pour remonter le film à sa guise, l'agrémenter d'une nouvelle bande-son, de séquences additionnelles et d'un dialogue non-sensique improvisé, avec une demi-douzaine de complices. Et pour réussir tout cela, 75 000 dollars de cachet !

« Nous nous sommes beaucoup amusés en faisant ce film, racontera plus tard Woody Allen. J'ai réuni quelques copains. Le producteur avait loué pour nous un auditorium et une salle de montage à Broadway. Nous avons raconté des tas de trucs pour accompagner toutes les choses étranges que faisaient ces Japonais.

« C'était plus difficile qu'il n'y semble parce que vous trouvez une phrase drôle pour un personnage et vous ne pouvez pas lui mettre dans la bouche parce qu'elle est trop longue de trois syllabes pour la synchro... »

Woody Allen, avec la complicité de ses amis Mickey Rose et de sa jeune épouse Louise Lasser, transforme *Kagi no Kagi* en *What's up tiger Lily* qui devient la saga d'un héroïque agent secret nippon, Phil Moskovitz, kidnappé par un gang de belles Orientales. Cette « James Bonderie » n'est

22

plus la recherche de documents ultra-secrets mettant en péril l'équilibre du monde, mais celle d'une recette de salade aux œufs durs ! Il est d'ailleurs écrit dans la Bible que « celui qui aura la meilleure recette pour la salade d'œufs durs régnera sur la terre et dans les cieux ». L'humour juif est toujours présent.

Lorsque le film sort, on ne peut pas dire qu'il soit formidablement accueilli mais au moins il permet à tout le monde de rentrer dans son argent. Sous le titre *Lily la tigresse*, on ne le verra en France que quinze années plus tard, alors que Woody Allen sera devenu une super-star. En cette année 1966, Allen explique son travail sur *What's up tiger Lily* :

« A Hollywood, ils voulaient tourner "le plus grand film d'espionnage... !" et naturellement, ils m'ont appelé. Ceux qui me connaissent savent que la mort est mon pain quotidien et le danger mon beurre... Non, la mort est... mon beurre... Non, non... sans promettre plus de beurre que de pain... disons que mort et danger font ma tartine préférée. Nous avons donc acheté un film japonais... made in Japan, par des Japonais... un film aux couleurs superbes, plein de pillages, de tueries, de viols. J'ai fait sauter toutes les voix et refait entièrement la bande sonore. Puis, j'ai écrit une comédie, pris de nouveaux acteurs, et nous avons joué notre comédie où vous voyez les Japonais tuer et violer... et faire des trucs à la James Bond. Mais ce qui sort de leur bouche n'a rien à voir avec ce qu'ils font. »

Il ajoute, toujours avec autant de sérieux :

« Ce que personne ne sait, c'est que ce procédé a également été utilisé dans *Autant en emporte le vent*. En réalité, c'était des Japonais que nous avons doublé avec des acteurs sudistes... C'était pendant la guerre, et comme il y avait des Japonais partout, c'était resté top-secret ! »

Certains critiques américains sont très enthousiastes comme par exemple Andrew Sarris qui affirme :

« Je crois bien qu'il n'y a rien eu de pareil depuis les Marx Brothers. »

Une association d'étudiants choisit ce film pour être « l'un des dix longs métrages les plus japonais de l'année » !

Tiger Lily sort donc dans les salles durant cette année

23

1966 mais Woody Allen a entre-temps obtenu un autre rôle important dans un second film, *Casino Royale,* dont la réalisation est signée de cinq grands noms du cinéma américain : John Huston, Robert Parrish, Val Guest, Joe McGrath et Ken Hughes. L'acteur reste donc en plein James Bond puisque *Casino Royale* est une satire des films consacrés à l'agent 007, d'après un roman de Ian Fleming. Woody Allen interprète d'ailleurs le rôle de Jimmy Bond, neveu de Sir James.

En fait Charles Feldman avait acheté les droits de *Casino Royale* alors que son auteur était encore parfaitement inconnu. Après que James Bond fut devenu la star que l'on sait grâce à *Docteur No, Bon baisers de Russie, Godfinger* et autre *Opération Tonnerre,* Feldman et ses associés Jerry Bresles et John Dark avaient eu l'idée de cette parodie complètement folle, versant dans le burlesque le plus complet. Feldman savait qu'il avait entre les mains un petit bout du filon acquis par les producteurs de la série des 007, Harry Saltzman et Albert Broccoli, propriétaires des droits de tous les James Bond... sauf de ceux de *Casino Royale !*

Puisque l'équipe de *Quoi de neuf Pussycat ?* a fait recette, Feldman décide de la réunir de nouveau dans *Casino Royale,* un peu par superstition. C'est pourquoi on retrouve, au générique du film, Peter Sellers, Ursula Andress, et bien sûr Woody Allen. On leur adjoint David Niven, Orson Welles (qui devient « Le Chiffre », remplaçant du « Spectre »), William Holden, Charles Boyer, John Huston, bref, une distribution internationale et la participation de nombreux autres célèbres comédiens comme George Raft, Peter O'Toole, et même Jean-Paul Belmondo.

Les rapports étant moins tendus entre Charles Feldman et Woody Allen, le producteur permet à l'acteur de travailler librement sur certains dialogues, certaines situations particulièrement absurdes dans lesquelles il apparaît. Allen n'est pas crédité au générique en tant que dialoguiste, mais on reconnaît parfaitement son style au cours de nombreuses séquences. On se souvient par exemple de cette phrase demeurée célèbre :

« On fera les quatre cents coups ! Et si nous sommes trop fatigués, on n'en fera que trois cents... »

Ridiculisé, James Bond n'est plus qu'un obsédé sexuel, représentant en gadgets. Mais dans ce film, qui est 007 ? On se le demande, puisque tout le monde s'appelle James Bond ! Peu importe, la seule chose qui compte pour les spectateurs, c'est de rire. Et on ne peut pas s'en empêcher, même si on ne comprend rien. On s'aperçoit, on devine que les auteurs et les acteurs du film se sont beaucoup amusés en tournant *Casino Royale*. On partage leur amusement...

La même année du tournage de *Casino Royale* est créée à Broadway la première pièce de Woody Allen, *Don't drink the water*, que le comique a enfin achevée après en avoir changé le titre. Woody a quitté le cabaret quelques mois plus tôt pour en commencer les répétitions et se lancer ainsi dans cette nouvelle aventure qui va être elle aussi une réussite, puisque la pièce va tenir l'affiche pendant un an et demi.

L'histoire est celle d'une famille d'Américains du New Jersey en vacances dans un pays de l'Est de l'Europe, donc communiste. La famille est accusée injustement d'espionnage et doit se réfugier à l'ambassade américaine. Le consul est chargé d'arranger cette situation embrouillée...

On retrouve un style très proche du vaudeville à la française où des portes s'ouvrent quand d'autres se ferment, les personnages se cachent dans des placards, les quiproquos se multiplient...

La première de *Don't drink the water* (« Ne buvez pas d'eau ») a lieu à Philadelphie dans des conditions assez particulières. Le public est en effet peu nombreux, les acteurs guère enthousiastes et Woody Allen dans un état nerveux très avancé. Un quart d'heure avant le lever du rideau, il demande à ses comédiens d'apprendre de nouvelles répliques qu'il vient d'écrire !

« Une pièce doit toujours être vivante. Le texte ne doit pas être figé. Il faut le réécrire en permanence jusqu'à ce qu'on trouve les dialogues les plus percutants », affirme-t-il.

Ainsi, de ville en ville, tandis que cette pièce se rode en province, le texte en est complètement modifié. Elle est présentée à Broadway deux mois plus tard avec, en tête de distribution, Kay Medford, Lou Jacobi et Tony Roberts. Allen ne s'est écrit aucun rôle et d'ailleurs, le soir de cette première new-yorkaise, il est couché avec une forte fièvre.

Quarante-huit heures plus tôt, il a reçu les journalistes pour leur faire des révélations à sa manière sur ses écrits :

« C'est l'histoire de trois hommes sur un radeau en plein milieu de l'océan Pacifique et il leur arrive un tas de choses ! Tout cela a causé un sérieux problème de mise en scène que nous n'avons pas encore résolu. Je pense que le décorateur, Jo Mielziner va s'en sortir en immergeant tous les spectateurs dans une gigantesque cuve d'eau. »

« Un autre grave problème est que la pièce comporte vingt-trois rôles parlant mais n'a que trois personnages. Là aussi, je dois m'en remettre à l'ingéniosité du metteur en scène. »

« Pas plus tard qu'hier, j'ai remarqué que certaines scènes se traînaient. Alors j'ai arraché toutes les pages impaires du manuscrit et maintenant l'action est beaucoup plus rapide. »

Ce soir-là, une véritable ovation s'élève de la salle à la fin de la représentation, le public réclamant très fortement l'auteur. Absent.

Il n'en faut pas davantage pour donner à Woody Allen l'envie d'écrire une seconde pièce. Il se met au travail quelques jours plus tard sur la rédaction de *Play it again Sam,* qui bien sûr ne sera pas créé avant que *Don't drink the water* ait quitté l'affiche.

Parallèlement, en France, Gaby Bruyère écrit une adaptation de la première comédie d'Allen sous le titre *Nuits de Chine.* Celle-ci sera montée à Paris, à l'« Européen », avec Suzy Delair, Pierre Doris, Patrick Préjean et Frank Fernandel dans les principaux rôles, sans obtenir le moindre succès. Il faut dire que l'adaptation est très éloignée de l'original.

Play it again Sam est donc créé à Broadway en 1969 avec Woody Allen dans le rôle principal entouré de Diane Keaton et Tony Roberts (une adaptation française en sera faite huit ans plus tard par Francis Perrin, sous le titre *Une aspirine pour deux).* Cette création coïncide avec le second divorce de Woody, qui vient de faire la connaissance de Diane Keaton, laquelle va devenir sa nouvelle compagne.

Woody Allen n'a donc pas de chance sur le plan sentimental puisque son second mariage s'achève comme le premier. S'il a éreinté sur scène, au cabaret, sa première épouse qui s'était pourtant montrée très conciliante, charmante même, Woody Allen dira toujours beaucoup de bien de Louise Lasser. En avril 1978, il déclare d'ailleurs au journaliste Jacques Kroll, de *Newsweek* :

« Louise m'a beaucoup apporté. C'était une jeune femme très citadine, très sophistiquée. Elle avait grandi sur la Cinquième Avenue, avec tous les privilèges de la grande bourgeoisie, et une éducation dans les écoles privées. Elle savait comment se comporter à Manhattan, connaissait tous les magasins, tous les restaurants. Moi, je sortais de Flatbush et ne connaissait absolument rien. Je m'évertuais à devenir un acteur comique, et elle m'a énormément aidé pour ma carrière en me faisant prendre confiance en moi. C'est une des femmes les plus brillantes et les plus spirituelles que j'aie connues. »

Par ailleurs, il affirmera, à propos de son divorce :

« Nous avons considéré cela comme une protestation contre la guerre du Viet-nam. Certaines personnes se suicident par le feu. Nous, nous avons préféré divorcer. »

Nièce du génial Buster Keaton, Diane est déjà une actrice confirmée puisqu'elle a tenu l'un des rôles principaux de *Hair,* l'année précédente, à Broadway, et qu'elle s'est produite, pendant ses études à Los Angeles, dans de nombreuses comédies musicales dont *La Mélodie du bonheur.* Elle devient en 1969 la partenaire attitrée de Woody Allen tant sur la scène et à l'écran que dans la vie privée.

Toujours en 1969, Woody Allen fait ses débuts de réalisateur avec *Take the money and run,* qui sortira en France sous le titre *Prends l'oseille et tire-toi.* C'est, comme le dit l'affiche de cette œuvre, « un film écrit, interprété et réalisé par Woody Allen ». Il devient ainsi un auteur complet, signant le scénario, les dialogues, la mise en scène et surtout jouant comme il l'entend, sans être contraint d'obéir à un metteur en scène avec lequel il n'est pas toujours d'accord.

Le film est produit par la 20th Century Fox, par l'intermédiaire de la Palomar Pictures, et bénéficie d'un budget d'un million et demi de dollars, ce qui n'est pas considérable pour un long métrage américain.

Le scénario raconte les aventures de Virgil, un garçon solitaire qui rate tout ce qu'il entreprend. D'abord ses études, puis ses amours, puis enfin les hold-up qu'il décide de réaliser pour faire fortune rapidement. Il trouvera tout de même une compagne prête à partager sa solitude, Louise, qui deviendra sa femme, la mère de ses enfants... et lui apportera des oranges en prison !

Nouvelle parodie, Allen visant cette fois les drames sociaux d'avant guerre du style *Je suis un évadé* avec Paul Muni. Le héros n'est plus un homme fort, séduisant, cruel même. Il devient un être chétif, victime de la société, de sa taille, de sa timidité. L'humour reste celui des Marx Brothers, de W. C. Fields, mais le personnage a sa propre allure, ses faiblesses, bref : son originalité.

Take the money and run va rester comme l'un des longs métrages les plus significatifs du style de Woody Allen. Il contient de nombreuses références cinéphiliques. Il contient surtout, au cours de quelques scènes, tout le drame, toute la poésie, tous les fantasmes de Woody Allen.

Ce film sort au moins de novembre 1969 aux Etats-Unis mais ne sera projeté en France que près de trois ans plus tard. Il déçoit un peu les admirateurs du comique, ceux qui l'ont connu sur scène, au cabaret ou au théâtre. Selon les critiques professionnels, Woody Allen a voulu mettre trop de choses dans son œuvre et pas assez de mots d'auteur. Ceux-là oublient certaines scènes particulièrement drôles, comme celle du hold-up par exemple.

Signalons que le producteur est Charles Joffé, décidément inséparable d'Allen, et que le rôle principal féminin est tenu par Janet Margolin, laquelle ressemble étrangement – du moins dans ce film – à Diane Keaton.

Pour en terminer avec cette année 1969, un film réalisé par Howard Morris d'après la pièce de Woody Allen sort à New York au mois de novembre, sous le titre original : *Don't drink the water*. Il est interprété par Jackie Gleason, Estelle Parsons et Dick Libertini. Et produit par Charles Joffé !

Le résultat n'est guère fameux et les critiques déplorables. Ainsi, Steven Scheuler écrit :

« Ce film ne pourra qu'outrager les admirateurs de Woody Allen ! »

Woody ne s'en formalise pas : il profite du bon accueil de *Prends l'oseille et tire-toi,* continue de jouer sur scène *Play it again Sam.* Et songe déjà à sa prochaine réalisation...

III

Charles H. Joffé est diplômé de l'Université de Syracuse mais comme Woody Allen, il est originaire de Brooklyn. Il dirige toujours, avec Jack Rollins, une petite agence qui connait pas mal de succès et qui compte parmi ses clients, outre Allen, Harry Belafonte, Mike Nichols, Louise Lasser, Robin Williams, Elaine May, Dick Cavett...

Joffé a débuté dans la production aux côtés de Woody Allen en supervisant deux des plus populaires shows de télévision dont nous avons parlé dans les chapitres précédents. Il a fait ses débuts de producteur exécutif au cinéma avant *Prends l'oseille et tire-toi* en 1969, et va, dans l'avenir, figurer dans tous les films de Woody Allen, soit à titre de producteur, soit à celui de producteur exécutif..(Un seul « enfant » hors de ce long « mariage » : *Arthur,* de Steve Gordon, un hommage à la comédie loufoque des années mille neuf cent trente, l'un des grands succès de la saison 1981.)

En cette année 1971, Charles Joffé produit *Bananas,* écrit, interprété et réalisé par Woody Allen, deuxième film de l'auteur.

Tandis que Woody connaît de nouveaux problèmes sur le plan privé, avec sa première femme, Harlene, qui lui demande deux millions de dollars pour diffamation après avoir perdu un premier procès au cours duquel elle réclamait des dommages et intérêts faramineux, il file le parfait amour avec Diane Keaton, Louise Lasser s'étant retirée très discrètement et en toute amitié de sa vie sentimentale. (On ne connaîtra jamais les résultats du procès entre Woody et Harlene. On constatera seulement que l'acteur ne fera plus jamais allusion à son premier mariage, à compter de cette date.)

Après le succès de ses deux pièces, Woody Allen est considéré officiellement à égalité avec Mel Brooks, comme le digne successeur des Marx Brothers. *Bananas* va renforcer l'opinion des critiques et celle du public envers lui.

Ce film raconte les aventures tragi-comiques de Fielding Mellish, un petit employé binoclard et complexé, bien sûr juif, qui se retrouve dans un Etat bananier dominé par un dictateur corrompu auquel s'oppose un révolutionnaire. Il est évident que le dictateur fait penser à Batista et que le révolutionnaire ressemble beaucoup à Castro. Mellish participe à la chute de la dictature avant d'être nommé président. Il se rend à New York où il est arrêté et condamné pour activités subversives, double jeu et trahison ! Tout finira tout de même bien pour ce héros qui épousera sa bien-aimée...

Ce scénario mouvementé est en fait pur prétexte à un tourbillon vertigineux de plaisanteries et de gags qui tournent en dérision le monde contemporain et tout particulièrement la société américaine, des milieux politiques à ceux du cinéma et de la télévision. Malgré certaines faiblesses, le film amuse dans l'ensemble par le contraste entre la personnalité et les aspirations du héros maladroit, petit, maigrelet, myope, rouquin, tiraillé entre les ambitions de Superman et la décevante réalité quotidienne – mais aussi grâce aux dialogues burlesques, dignes de l'humour explosif des Marx, et aux trouvailles visuelles que n'auraient pas renié les comiques de l'âge d'or du muet.

De nombreux critiques américains et européens se penchent de très près sur le film et tentent une analyse, une psychanalyse même, du personnage, et à travers lui, de Woody Allen. Woody n'en demande pas tant, il veut simplement faire rire, du moins l'affirme-t-il lors d'une interview à un quotidien de San Francisco.

« Beaucoup de journalistes sont plus névrosés que mes

héros. Ce sont eux qui ont besoin d'être psychanalysés. Je veux faire rire à travers des choses qui m'amusent et c'est là mon seul but. Ainsi je m'attaque à la nourriture car je trouve très marrants les gens qui s'empiffrent. »

Par ailleurs, toujours à propos de *Bananas,* Woody explique qu'il a un peu voulu néanmoins régler ses comptes avec la politique et les politiciens :

« Je hais la politique. La pensée politique n'a jamais rien donné tout au long de l'histoire. Tant qu'il sera question de savoir si l'on doit être démocrate ou républicain, communiste ou n'importe quoi, tant que les gens se leurreront en pensant qu'ils peuvent résoudre les grands problèmes et faire régner le bonheur, rien ne se produira. Je suis convaincu que même s'il n'y avait que deux individus dans le monde et si ils étaient des jumeaux identiques, l'un d'eux réussirait à trouver quelque chose de mauvais dans l'autre. »

Bananas est tourné dans les studios de New York et à Porto Rico pour les prises de vues en extérieurs. La photographie de ce film est signée Andrew M. Costikyan. Elle n'est hélas pas de première qualité mais cela n'empêche pas le public français de faire un excellent accueil à *Bananas,* lorsqu'il sort dans notre pays, au mois de mai 1972, c'est-à-dire un an après sa sortie aux Etats-Unis. Allen est encore peu connu chez nous mais le film attire malgré tout plus de cent mille spectateurs durant son exclusivité parisienne. Ainsi, peu de personnes savent que l'actrice principale du film est Louise Lasser, ex-épouse du réalisateur...

L'affiche américaine, bien meilleure que celle utilisée pour l'exploitation en France, est grouillante de personnages et illustre fort bien l'ambiance remuante du scénario. Fusil dans une main, banane épluchée dans l'autre, Woody Allen se détache de la foule déchaînée en guérillero éberlué et dépenaillé. Il est encadré par une brune énamourée et par la blonde Nancy, poing levé, sa contestataire bien-aimée. En fond, un dessin à la Dubout représente l'ambiance générale d'une révolution avec, à droite, quelques juifs vêtus de leur costume traditionnel qui se précipitent dans le combat.

Bananas et *Prends l'oseille et tire-toi* sont finalement deux œuvres qui représentent un condensé de l'expérience du cabaret et de la télévision de Woody Allen. Elles exploitent, sous une forme expérimentale encore décousue, un personnage de « loser » névrotique et hyper-vulnérable dont l'originalité commence seulement à apparaître.

En 1972, Charles Joffé qui avait déjà produit la première pièce de Woody Allen, sans Woody Allen, *Don't drink the water,* tient à porter à l'écran la seconde pièce de l'auteur, dont la carrière théâtrale vient de s'achever : *Tombe les filles et tais-toi,* titre français de *Play it again, Sam.*

Si Woody accepte d'en écrire l'adaptation, la réalisation est confiée à Herbert Ross, lequel va faire une mise en scène un peu trop linéaire, pas assez farfelue. Pour les autres rôles, Joffé fait appel à Diane Keaton, compagne officielle de Woody Allen, à Susan Anstach, Tony Roberts et Jerry Lacy pour incarner Humphrey Bogart.

Dès la fin du tournage, avant même que le film ne soit présenté à la presse, Woody se déclare insatisfait du résultat final. Ce n'est pas du théâtre filmé mais ce n'est pas non plus du véritable cinéma.

Alan Félix, héros de l'histoire, est un jeune homme qui ne trouve son plaisir que dans le septième art, au détriment de sa jeune épouse Nancy. Etant un jour abandonné par celle-ci, complètement désorienté, il se réfugie au sein d'un couple ami, Dick et Linda, lesquels l'incitent à se trouver une nouvelle compagne. Aidé en cela par son compagnon de longue date, Humphrey Bogart (qui apparaissait à la scène d'une manière plus logique, plus drôle) Alan se met en chasse. Mais il s'avère vite que la réussite de cette entreprise est loin d'être foudroyante. Il tombe bientôt amoureux de son amie Linda, la seule à s'intéresser vraiment à lui. Mais il comprend que la vie n'a rien de comparable avec le cinéma... L'histoire se terminera comme elle avait commencé, c'est-à-dire lorsque Alan assistait à la projection du film *Casablanca,* qui lança le mythe Bogart.

La version cinématographique de *Play it again Sam* est immédiatement assassinée par les critiques américains, Woody Allen étant le seul à ne pas en subir les conséquences puisque la plupart des textes regrettent qu'il n'ait pas réalisé le film lui-même. En fait, on comprendra plus tard qu'il s'attendait à cet échec et que, sans se désolidariser de Charles Joffé, il avait préféré s'éloigner cinématographiquement de cette comédie de boulevard.

Dominique Maillet, dans *La Saison cinématographique 1973,* fait une analyse juste et intéressante de *Tombe les filles et tais-toi,* sorti à Paris le 21 décembre 1972. Il écrit par exemple :

« ... C'est effectivement une grande déception que cette troisième apparition de Woody Allen car la démesure qui existait préalablement chez lui semble avoir disparu. Cela est très visible et sûrement imputable à l'histoire elle-même. Après son enfance malheureuse, peuplée de mauvais coups et de mauvais garçons, après sa révolte en Amérique latine, on en est ici resté au stade de l'anecdote du chagrin d'amour, de la déception sentimentale, de la recherche d'une compagne.

« Même si Woody Allen, dans la poursuite de son personnage, a brodé autour de ce thème quelques idées (je pense ici au virus téléphonique dont chacun est tôt ou tard atteint dans notre société, et surtout je pense aux influences extra-cinématographiques des mythes du septième art comme la projection d'Humphrey Bogart dans l'univers d'Alan Felix, alias Woody Allen) cela ne suffit guère.

« On ne retrouve qu'épisodiquement ce fameux comique destructeur et pratiquement inénarrable qui constituait ses deux films précédents (Woody Allen, dans une période euphorique tape amicalement sur l'épaule de tous ceux qu'il rencontre, même sur celui qui lit son journal en équilibre sur le parapet d'un pont...). »

Woody continue de défendre le sujet de sa pièce et répète ce qu'il déclarait lors de la création au théâtre :

« *Play it again, Sam* est l'histoire autobiographique d'un amoureux profondément complexé, l'accumulation des thèmes qui me passionnent : sexe, adultère, amours névrotiques, angoisse. C'est pourtant une comédie au sens strict du terme, sans aucun élément sérieux. »

Dans *Life Magazine,* au cours d'une interview, il parle de son admiration pour Humphrey Bogart, précisant qu'il a visionné *Le Faucon maltais* alors qu'il n'avait qu'une dizaine d'années et qu'il s'était identifié alors à... Peter Lorre.

« Ce n'est que plus tard que je me suis identifié au héros. Je marchais comme Bogart, je parlais comme Bogart en tordant la lèvre et en disant : "Non, merci, chérie, Oh tu es bon, vraiment bon, rejoue-le Sam ! » Je sais maintenant qu'il n'a jamais dit "Play it again, Sam", mais je l'ai dit suffisamment pour nous deux !... »

L'acteur Jerry Lacy est un imitateur professionnel d'Humphrey Bogart. C'est Woody Allen lui-même qui l'a découvert en assistant à un spot publicitaire de la télévision. Il a parlé de lui à Joffé puis à Herbert Ross et l'a aussitôt engagé, certain de ne pas se tromper.

Quant à Diane Keaton, elle se fait enfin remarquer par un large public et acquiert ses premières lettres de noblesse cinématographiques. On sait la belle carrière qu'elle a fait depuis, une carrière qui commençait réellement avec *Tombe les filles et tais-toi*, sur le plan de la renommée internationale.

Pour renouer avec le triomphe, Woody Allen tient à frapper un grand coup en cette même année 1972. Il a pour cela écrit le scénario d'un film intitulé *Everything you always wanted to know about sex but were afraid to ask*. En fait, ce scénario est un montage habile des sketches que lui avait inspirés quelques années plus tôt la lecture du très sérieux ouvrage du docteur David Reuben. Un véritable monument de sexologie vulgarisée. Ce scénario est composé de sept sketches, tous traitant bien sûr de sexualité, des sketches finalement très proches des écrits du docteur Reuben, si ce n'est que Woody Allen est passé par-là entretemps...

« Je n'avais encore jamais fait d'adaptation aussi ai-je jeté le contenu et axé le sujet sur le titre. Le film est burlesque mais vraiment basé sur le sexe. Je pense qu'il est la première "comédie sexuelle". Je n'appelle pas *Confidences sur l'oreillet* ou *New York - Miami,* des comédies sur le sexe. Ce sont des comédies romantiques. Personne n'a jamais traité du sexe de cette façon, tout d'abord parce que le sexe est tabou. Les gens ont peur d'en rire. Je veux tourner le film dans un esprit rabelaisien, sans fausse pudeur. Ce sera de l'artillerie lourde, de la paillardise, de façon que les spectateurs puissent rire à ventre que veux-tu du sexe, et non ces sortes de sous-entendu vulgaires où l'on a honte d'avoir ri. C'est un peu comme si les Marx Brothers prenaient la place des sexologues Masters et Johnson... »

Allen met bien sûr lui-même en scène son film, complètement démesuré. Il traite des sujets tabous : les aphrodisiaques, la sodomie, la frigidité, les travestis, les perversions, les thérapies sexuelles et enfin l'éjaculation.

Des thèmes qui auraient fait reculer plus d'un producteur. Heureusement, Charles Joffé et Jack Rollins font entièrement confiance à Woody Allen et savent que, traités par lui, ces sujets pourront très bien passer l'écran (le film, baptisé en France : *Tout ce que vous avez toujours voulu savoir sur le sexe sans jamais oser le demander,* sera néanmoins interdit aux moins de dix-huit ans dans notre pays).

Pour interpréter ces sept sketches, Allen fait appel à quelques acteurs célèbres, fournissant ainsi un attrait supplémentaire aux spectateurs. On remarque parmi eux les noms de Burt Reynolds, Anthony Quayle, John Carradine, Tony Randall, Lynn Redgrave, Louise Lasser, Lou Jacobi, et enfin Gene Wilder.

Si le livre du docteur Reuben a battu de nombreux records de vente aux Etats-Unis, le film va être à son tour un énorme succès, ne sortant dans les salles américaines que quelques semaines après *Play it again, Sam.*

Pour parler des aphrodisiaques, Allen se transforme en bouffon du roi, en Angleterre, au Moyen Age. Un bouffon qui n'amuse personne mais qui est amoureux de la reine. Un soir, il voit apparaître sur les remparts du château le spectre de son père après avoir déclamé que « Rosenkrantz et Wildenstein sont morts et leur friperie est fermée, hélas ! » Le vieil homme lui donne quelques conseils pour vaincre le cœur − et le corps − de la reine. Avec un philtre d'amour qu'il a fait absorber à sa bien-aimée, le bouffon entre dans la chambre de Sa Majesté en l'absence du roi. Il sait qu'il risque d'avoir les bras, les jambes et la tête coupés s'il est découvert mais s'en moque, pourvu qu'il lui reste « le principal » ! Malheureusement la reine a le bas-ventre protégé par une ceinture de chasteté que le bouffon doit absolument ouvrir pour parvenir à ses fins. Lorsque le roi surgit, il a la main prise dans la ceinture et sait qu'il aura bientôt la tête tranchée...

La sodomie est un sujet beaucoup plus difficile à aborder à l'écran. C'est Gene Wilder qui a la charge d'interpréter ce sketch « délicat ». Transformé en docteur Ross, il reçoit la visite d'un berger arménien, Stavros Milos, et de la brebis de celui-ci, Daisy, dont il est amoureux. Ross, d'abord furieux d'être considéré comme un vétérinaire, se prend d'affection pour Daisy, qu'il caresse tendrement. Seul avec elle, il fera l'amour à la brebis, qu'il vêtira de bas noirs, de porte-jarretelles, de dessous affriolants. Le scandale n'éclatera que plus tard, lorsque le docteur Ross, pris en flagrant délit, apprendra que sa brebis est mineure ! Le docteur n'aura d'autre ressource que de devenir clochard, s'enivrant avec une bouteille de Woolite, tandis que la brebis retrouvera son premier amour, le berger arménien...

C'est dans un style chez à Michelangelo Antonioni qu'Allen réalise le troisième sketch, consacré à la frigidité. Un jeune homme qui adore sa femme Gina consulte plusieurs amis et médecins afin que celle-ci atteigne enfin l'orgasme. Il essaie d'abord un gigantesque vibro-masseur qui se révèle plus dangereux qu'excitant. Devant ce premier échec, il tente de se montrer plus tendre, plus doux, plus calme mais ne réussit qu'à s'endormir sur son épouse. Et puis, un jour, dans une galerie d'art moderne, soudain très excitée, Gina entraîne son mari derrière une statue où elle se donne à lui. L'homme comprend que sa femme ne peut prendre du plaisir que si elle risque d'être surprise, en pleine « action ». Gina n'est plus frigide mais cela va entraîner le couple dans des situations très délicates, la jeune femme n'hésitant pas à se jeter sur son mari au beau milieu d'un restaurant, sous la table, et bientôt jusqu'à l'intérieur d'une immense pièce du Vatican !

Si le problème des travestis a toujours plus ou moins gêné le public européen (plus tard il l'amusera grâce à *La Cage aux folles*), ce n'est pas le cas aux Etats-Unis. Lou Jacobi est la vedette de ce sketch, interprétant le rôle de Sam, un père de famille moustachu d'une cinquantaine d'années qui prend plaisir à s'habiller en femme et à s'admirer, seul dans sa chambre. Mais un jour, il a besoin d'autres émotions, saute par la fenêtre et se promène dans les rues. Il se fait dérober son sac par un jeune voyou, est aussitôt consolé par quelques passantes et par la police ! Mais sa famille le retrouve, profondément choquée, sinon scandalisée par les vêtements portés par Sam. Le soir, son épouse tente de le comprendre, de le rassurer, mais n'est-il pas trop tard ?

Pour aborder le thème de la perversion sexuelle, Woody Allen utilise l'une de ses « bêtes noires » : la télévision. Un jeu télé intitulé « Quelle est ma perversion ? », patronné par « La lotion de l'homme viril », consiste à découvrir la perversion sexuelle d'un candidat. Si le jury n'y parvient pas, ce candidat est déclaré gagnant. C'est le cas par exemple d'un exhibitionniste dans le métro. Le rabbin Chaïm Baumel ne remportera pas par contre la victoire : on devinera très vite qu'il aime être ligoté ! Une fois Allen rit et fait rire des Juifs à travers l'humour judaïque.

Les études sexologiques médicales ne se déroulent pas toujours, selon Woody Allen, dans les hôpitaux spécialisés. Ainsi, le docteur Bernardos ressemble davantage à Quasimodo qu'à un chirurgien du Mont Sinai Hospital. Il explique à un biologiste et à une journaliste certaines de ses expériences. Il utilise par exemple les érections pour provoquer des ondes sonores qui servent de carillon à la porte d'entrée. Il leur parle aussi des « vingt positions sexuelles les plus incongrues et comment y parvenir sans éclater de rire » ! Il leur fait admirer des préservatifs de douze mètres de diamètre qu'il vient d'inventer afin de mieux contrôler les naissances sur le plan national. Puis il entraîne la journaliste dans un petit parc où deux cents louveteaux ont l'autorisation de la violer ! Le biologiste réussit à sauver la jeune femme mais tous deux sont poursuivis par un sein géant qui provoque des noyades dans le lait. Grace à un soutien-gorge judicieusement employé le sein sera enfin capturé et les expériences sexuelles du docteur Bernardos prendront fin derrière les barreaux...

Woody Allen a gardé le meilleur pour la fin, c'est-à-dire l'éjaculation. Il nous montre, au cours d'un long sketch particulièrement drôle, tout ce qui se passe dans le corps masculin, selon lui et le décorateur Dale Hennesy (qui a obtenu un Oscar pour *Le Voyage fantastique*). A une échelle gigantesque, nous pénétrons dans le cerveau, l'estomac, puis le bas-ventre pour y voir des techniciens qui ont la charge de toutes ces parties du corps. Woody Allen est un spermatozoïde à lunettes qui se pose un grave problème métaphysique : « qui suis-je, d'où viens-je, où vais-je », alors qu'une éjaculation plusieurs fois manquée devrait prochainement enfin avoir lieu. Auprès de lui, d'autres spermatozoïdes dont un noir, se posent beaucoup moins de questions. Lui se demande s'il n'est pas désormais devenu inutile, s'il ne se trouve pas dans le corps de deux homosexuels qui ne parviennent pas à faire l'amour, ou s'il ne s'agit pas d'un homme en train de se masturber. Il détesterait alors l'idée d'aller s'écraser au plafond ! Le lancement va tout de même bientôt avoir lieu...

La production délaisse en partie le personnage « allenien » pour céder la place à d'autres comiques mais surtout à la valeur du texte humoristique de chaque sketch. Bouffon médiéval aux prises avec une ceinture de chasteté rebelle, héros antonionien, chercheur à la poursuite d'un sein géant évadé d'un laboratoire, spermatozoïde anxieux, Woody Allen atteint le sommet du comique. Parodie des émissions para-médicales, des films d'horreur et de science-fiction, *Tout ce que vous avez toujours voulu savoir sur le sexe...* est sa première œuvre à faire pleinement appel à l'humour visuel et à atteindre un égal degré de contrôle de l'écriture et de la mise en scène.

Ce film, s'il est composé de sketches, est avant tout un long métrage complet et non un assemblage de courts métrages n'ayant de commun qu'un thème général. Woody a passé des heures, des jours, des semaines même dans la salle de montage, supprimant quantité de pellicule impressionnée. Parce que l'un des sketches risque d'affaiblir l'ensemble de l'œuvre, il n'hésite pas à le supprimer purement et simplement. Il en racontera le sujet à *Play-Boy* en ces termes :

« Deux araignées font l'amour. C'est moins simple qu'il n'y paraît et si l'on veut découvrir toutes les positions possibles, il convient de trouver la racine carrée de ses huit pattes et des huit miennes, puis de les multiplier par le nombre des positions du Kama Soutra. Cela vous donne une petite idée de tout le plaisir que prennent ces petites créatures, et explique pourquoi elles ont toujours l'air si fatigué. »

Personne ne verra cette séquence concernant les mantes religieuses...

Malgré le succès de ce film, Woody Allen ne récidivera jamais dans le domaine du sketch, qui semble pourtant lui convenir à merveille. Beaucoup le regrettent...

IV

Tout ce que vous avez toujours voulu savoir sur le sexe a été le premier des films de Woody Allen à faire preuve d'une sophistication visuelle comparable à celle de son écriture. Il a été la première tentative d'Allen à faire pleinement appel à l'humour visuel, anticipant par là sur ses deux réalisations suivantes : *Sleeper* et *Love and death*.

Sleeper est le quatrième film réalisé par Woody Allen. Il en a écrit le scénario en quelques jours seulement avant d'engager David Walsh comme directeur de la photographie et Dale Hennesy comme directeur artistique, très satisfait du travail que celui-ci avait effectué sur le film précédent. Joel Schumacher est chargé des costumes dans cette production signée bien entendu Charles Joffé et Jack Rollins.

Quant au lieu de tournage, Allen choisit Denver au Colorado après avoir découvert dans une revue d'architecture la photo d'une maison d'avant-garde qui se trouve dans cette ville. Elle est le décor idéal pour ces aventures situées en 2173. Pour la première fois le réalisateur quitte donc sa ville natale, New York, pour travailler ailleurs. Les extérieurs du film se dérouleront dans les Montagnes Rocheuses puis dans la péninsule de Monterey avant que les raccords ne soient effectués dans les studios de Los Angeles.

Si le budget initial prévu par Charles Joffé est de 2 millions de dollars, le coût total final sera de 3 millions de dollars, ce million supplémentaire (une bagatelle !) était dû principalement au retard pris par le tournage en raison des exigences de Woody Allen, qui fait répéter inlassablement de nombreuses scènes.

Diane Keaton est la partenaire du réalisateur, ce qui multiplie les incidents de parcours. En effet, si Diane partage toujours la vie de Woody, leur entente n'est pas toujours parfaite et leur passion est orageuse, à en croire les proches du couple. Fréquemment des heurts les opposent sur le plateau, sur le plan professionnel, mais aussi lorsqu'ils sont en tête à tête ou lors de sorties officielles. Cela n'influe pas, heureusement, sur la qualité du film car chacun des deux comédiens aime et estime son partenaire, même s'il ne partage pas toujours son opinion.

L'histoire de *Sleeper* se déroule donc en l'an 2173, en une époque où des chirurgiens ont décidé de ramener à la vie le corps d'un restaurateur macrobiotique et musicien de jazz, Miles Monroe, qui a été congelé deux cents ans plus tôt à la suite de l'opération d'un ulcère gastrique. Mais en deux siècles, l'existence sur terre a beaucoup évolué et la société est aujourd'hui régie par des ordinateurs et des robots au service de savants très puissants. Le chef de la planète est un dictateur bête et méchant que l'on appelle tout simplement... le Chef !

Un groupe d'hommes opposés au régime a besoin de l'aide d'un ancêtre congelé pour les mener au pouvoir et les aider dans leur révolution. Ces hommes choisissent Miles qui se trouve ainsi entraîné dans une terrible aventure, doit échapper à ses poursuivants et pour cela prendre l'aspect d'un robot ménager afin de tromper les adversaires. Il se retrouve au service de Luna, une poétesse qui entre elle aussi dans la résistance. Il parviendra, non sans mal, à rétablir un certain ordre beaucoup plus décent dans ce monde de l'avenir.

Comme dans *Tout sur le sexe,* les décors prennent une importance considérable dans *Sleeper.* Particulièrement beaux, drôles aussi, les accessoires, les divers gadgets pourraient très bien se retrouver dans notre avenir, peut-être proche. Woody Allen a insisté sur ce détail durant toute la réalisation, lançant ainsi un message aux spectateurs même si plus tard il affirmera n'avoir fait que réaliser un film comique, tous publics. Ce message, c'est que l'avenir est à craindre, car il ne nous offrira pas le bonheur que l'on espère tous. La société ne pourra pas être libérale et même si les progrès techniques et scientifiques permettent une vie plus décente, le bonheur ne sera pas au rendez-vous...

« *Sleeper* est un film que les enfants pourront voir et trouver drôle. C'est exactement le genre de film que j'adorais quand j'étais gosse. C'est celui que je souhaitais faire depuis mes débuts de réalisateur et de comédien. J'en ai assez d'être catalogué d'« humoriste intellectuel ». Mon seul but est donc de distraire le monde grâce à ce genre de dessin animé bourré de gags. »

Bill Adler et Jeff Feinman analysent, dans leur ouvrage, *Sleeper* et l'attitude intellectuelle de Woody Allen en face de ses œuvres.

« Nous sommes avec Woody quand il joue un individu, reconnaissable en tant que tel, même au milieu d'une foule dense de ses semblables. Il n'appartient pas, n'appartiendra jamais à l'aliénation collective, et ceci fait appel à notre inconscient profond. Indépendamment de son absurdité, qui la rend comique, l'épisode des spermatozoïdes dans *Sex* possède ce facteur de reconnaissance instantanée que nous associons à Woody Allen. Le simple fait de garder ses lunettes et de laisser tomber une boucle de cheveux rouges sur son front le rend immédiatement visible au milieu de toute cette blancheur. Sur un niveau abstrait, c'est ce qui nous touche dans cette scène. Nos yeux se promènent sur des faces blanches, des costumes blancs au long de murs blancs, cherchant un point saillant sur quoi se poser. Puis nous l'apercevons, c'est Woody et nous rions du plaisir de l'avoir identifié. Tout cela exclut le fait qu'on nous demande de croire, et que nous croyons, que nous sommes en face d'un escadron de spermatozoïdes alignés comme des parachutistes dans un bombardier, attendant de se faire éjaculer dans les canaux reproducteurs d'une quelconque dame. Comment ne pas rire ? Norman Mailer lui-même doit avoir ri.

« La scène des robots dans *Sleeper* a bien des points communs avec la scène ci-dessus. Principalement, Woody conserve le principe d'émerger en tant que Woody d'un groupe où tous les individus sont apparemment identiques. Dans ce cas, puisque tous les robots portent un masque Woody devra présenter une petite différence pour ressortir. L'effet est parachevé par un maquillage blanc au lieu d'un masque, et il conserve bien entendu ses lunettes. C'est encore plus drôle que l'épisode des spermatozoïdes, probablement parce qu'ici il est ouvertement un imposteur – un être vivant tentant de passer pour une mécanique...

« La fin de *Sleeper*, comme celle de tous ses films, est totalement immémorable. L'histoire s'arrête subitement, à la façon dont Woody achevait son numéro de cabaret. C'est fini, bonsoir tout le monde. »

S'il a de plus en plus d'admirateurs, d'inconditionnels, Woody Allen continue d'avoir aussi de nombreux détracteurs. On lui reproche en particulier de n'être pas un bon réalisateur mais uniquement un bon scénariste. On lui reproche aussi de ne pas savoir jouer la comédie mais seulement d'utiliser son physique très particulier devant les caméras. Ni réalisateur talentueux, ni comédien hors pair, pourquoi donc Woody Allen a-t-il du succès, pourquoi donc certains osent-ils déjà crier au génie ?

Rémo Forlani, dans une affiche de « Monsieur Cinéma » consacrée à Allen, écrit :

« Je ne crois pas, moi, que Woody Allen est le meilleur des cinéastes. Je suis même convaincu que Fellini et Bergman sont cent fois plus doués que lui pour le cinéma.

« Simplement, lui, Allen, est beaucoup plus intelligent qu'eux.

« C'est même ça son handicap, sa tare : Allen est trop malin, trop lucide pour se laisser aller à réaliser des chefs-d'œuvre. Il a le recul. Toujours. Et ces lunettes de myope qui l'aident à voir jusqu'où on peut aller sans tomber dans le génie.

« Le génie, voilà l'ennemi pour ce fils d'horloger de Brooklyn qui a tout – absolument tout – lu, du *Talmud*, à *Fritz the cat*, et qui a compris que le savoir n'engendre qu'une seule et unique certitude : à savoir qu'il n'y a rien à savoir.

« Fort de cette très déprimante certitude, Woody ne pouvait que consacrer sa vie à la propagation...

« Allen est aussi un chantre du désespoir. Tenez, faites cette expérience : prenez un film de Laurel et Hardy, des Marx Brothers, de Jerry Lewis et enlevez-en les gags. Que reste-t-il ? Rien, une trame banale, insignifiante. Tentez la même expérience avec les films de W. A. Privés de leurs gags, *Bananas, Prends l'oseille et tire-toi* ou *Guerre et Amour* deviennent d'insoutenables traités du désespoir. En réalité, le seul cinéaste qui fasse apparemment le poids face à Allen, c'est Bergman. Mais Bergman a du génie. D'où la puérilité de la plupart de ses films si on se mêle de les comparer à ceux de W. A... »

Analyse aussi juste que spirituelle.

Sleeper, qui sera baptisé en français *Woody et les robots* lors de sa sortie en juin 1974, peut être considéré comme le dernier film purement comique d'Allen. Désormais, il va tenter à son tour de donner dans le génie... Et y parvenir, du moins selon une majorité de cinéphiles.

Dix-huit mois vont séparer *Sleeper* du film suivant d'Allen, *Love and death.*

Dix-huit mois pendant lesquels Woody publie son deuxième ouvrage *Without feathers* qui sera traduit en français par Michel Lebrun sous le titre *Dieu, Shakespeare et moi.* Un « best » aux Etats-Unis mais un échec relatif dans notre pays où seuls les inconditionnels de l'auteur achèteront son ouvrage. Dix-huit textes souvent ésotériques et deux pièces de théâtre restées inédites en sont le contenu. Un contenu souvent sombre, amer, qui parle de la mort, de Dieu, et de la mort de Dieu.

Mais revenons au cinéma pour ce *Guerre et Amour,* titre français du film réalisé en 1975. Diane Keaton en est l'interprète féminine principale dans le rôle de Sonia Volonska, aux côtés d'Allen en Boris Grouchenko. La liaison entre Woody et Diane est toujours orageuse mais se poursuit bon an mal an, étant apparemment très bénéfique à leur collaboration professionnelle.

A partir de *Love and death,* l'humour juif, la dérision qu'Allen savait si bien utiliser sont un peu laissés de côté au bénéfice d'une humanité plus grande, voire d'un pessimisme envahissant. L'écriture des textes continue d'être soignée, devient même parfois littéraire. Après le gag, l'humour, s'estompent et l'on retrouve à travers les images l'ambiance de Bergman si chère à Woody Allen.

Sur une musique de Prokofiev (des extraits d'*Alexandre Newski* et de *Ivan le Terrible*) Woody Allen nous entraîne dans la Russie tsariste du début du XIXᵉ siècle. Boris tombe amoureux de sa cousine Sonia, laquelle lui préfère l'un de ses frères. Mais par dépit, après le mariage du frère en question, Sonia se marie avec le poissonnier de la ville. Dans le même temps, tandis que les Français envahissent le pays, Boris se retrouve engagé dans les troupes. Il est projeté par un canon au milieu de l'état-major français et devient ainsi très involontairement un héros de son pays.

A son retour à Moscou, il séduit Sonia Alexandrovna par ce fait d'armes. Il en résulte un duel avec l'amant en titre de la comtesse qui, se retrouvant veuve, promet de lui accorder sa main s'il ne meurt pas sur le pré. Boris n'étant que blessé, Sonia respecte son engagement.

Dans le but d'assassiner Napoléon, le couple se présente comme frère et sœur à la cour de l'empereur. Napoléon est séduit par Sonia, la rejoint dans sa chambre, ce qui permet à Boris d'intervenir pour venger l'honneur de sa sœur ! Malheureusement pour lui, Napoléon n'est pas Napoléon mais seulement un sosie de Napoléon et Boris est arrêté et condamné à mort !

Enfermé dans sa prison, un ange vient lui promettre qu'il échappera à cette mort car les balles du peloton d'exécution seront des balles à blanc. Mais après la fusillade, lorsque Boris retrouve Sonia, il s'éloignera finalement d'elle en dansant autour d'une silhouette blanche armée d'une faux...

La mort est toujours présente et semble inquiéter de plus en plus Woody Allen, qui affirme lors d'une interview :

« Je me suis toujours senti déprimé à propos de n'importe quoi. Je pense que tout dans ce monde est fondamentalement déprimant. »

Plusieurs de ses biographes déclareront que cette déprime chronique est en fait motivée par la peur que Woody a de finir par mourir un jour ou l'autre. Woody ne déclare-t-il pas lui-même qu'il est « mortel et, ce qui n'arrange rien, myope et juif » !

Allen, pour faire mentir ceux qui lui reprochent de ne pas

connaître grand-chose à la réalisation, se montre beaucoup plus à l'aise dans ce domaine avec *Love and death*. Son film bénéficie de nombreuses qualités visuelles et rythmiques, de nervosité, de rigueur. Il fait beaucoup sourire, il fait même rire aux éclats de temps à autre mais, à travers ces rires, on ressent de plus en plus nettement l'angoisse de vivre, la peur du néant d'Allen. Tout cela est illustré par les concepts de maladie et d'infirmité, l'assassinat politique, la hantise du suicide. Woody tournait autour de ces thèmes dans ses films précédents, il les aborde de front ici. C'est pourquoi le titre original, « Amour et mort », est beaucoup plus éloquent que le titre français.

Love and death a permis à Woody Allen de retrouver Paris puisqu'une partie importante du long métrage a été filmée, avant que ce tournage ne se poursuive à Budapest et en Hongrie. Un tournage particulièrement éprouvant, comme « frappé d'une malédiction » à en croire Allen. En effet, de nombreux incidents vont émailler toute la réalisation du film, les interprètes vont aussi être touchés, comme le réalisateur, plus ou moins directement. Ainsi, durant les différents voyages d'Allen entre New York, Paris et Budapest, ses bagages sont égarés à deux reprises par les compagnies aériennes. Détail anodin mais qui est bientôt suivi d'ennuis de plus en plus sérieux...

Woody attrape une première grippe qui se révèle très grave et surtout qui sera suivie de deux autres dans les trois mois. Il est ensuite victime d'une très sérieuse intoxication alimentaire, comme sa partenaire Diane Keaton qui doit être alitée pendant plusieurs jours, contraignant ainsi le tournage à s'arrêter.

Pendant une scène, Allen blesse légèrement Diane Keaton avec l'archet d'un violon, celle-ci se plantant à quelques millimètres seulement de l'œil de la comédienne ! A quelque chose près, elle aurait pu être éborgnée. Nouvelle interruption de quarante-huit heures...

Puis Woody se blesse lui-même en s'approchant d'un projecteur qui le brûle au bras et au dos. Une brûlure au second degré.

Et tout ceci, à en croire les témoins ou participants du tournage, ne forme qu'une infime partie des catastrophes.

« C'est sans doute parce que le film critique violemment Dieu que tout cela est arrivé », tente d'expliquer Woody Allen dans une interview à *Esquire*. « Le film implique que Dieu n'existe pas ou que s'il existe, on ne peut lui accorder aucune confiance. Depuis que j'en suis parvenu à cette conclusion, j'ai été deux fois frappé par la foudre et obligé de soutenir une interminable conversation avec un agent théâtral ! A dire vrai, j'ai toujours été agnostique. J'estime que s'il y a un Dieu, il ne devrait permettre ni la famine dans le monde ni la télévision quotidienne... »

Quoi qu'il en soit, un acteur de second plan a les deux jambes brisées dans un accident d'auto en se rendant sur le plateau. Plus tard, c'est une comédienne qui tombe de cheval, se brise le nez et doit être remplacée alors qu'elle a tourné plus de la moitié de son rôle : toutes ses scènes à refaire !

Un autre jour encore, une caméra tombe en panne lors du tournage d'une scène à grand spectacle, utilisant un millier de figurants. Tout le monde doit être payé inutilement et la scène recommencée quarante-huit heures plus tard. On espère ce jour-là le soleil : il pleut ! Nouveau renvoi des figurants, nouvelle remise à huitaine de cette séquence.

Que de temps perdu, que d'argent gâché ! Autre raison de la perte de temps : les techniciens du film sont pour la plupart français, les acteurs principaux américains, les seconds rôles hongrois, et les figurants russes ! Woody Allen ne parlant qu'anglais, plusieurs interprètes interviennent à chacun de ses ordres pour faire comprendre aux intéressés ce que le metteur en scène attend. Et bien souvent, les traductions sont incorrectes ou tout simplement mal comprises, ce qui provoque des erreurs d'interprétation et d'organisation.

Woody Allen est un maniaque, il n'est heureusement pas un coléreux sinon il aurait terminé ce tournage avec un ulcère à l'estomac ! Au contraire, pour se consoler de tous ces ennuis, il affirme à qui veut l'entendre :

« Nous avons presque souffert autant que sur *Pussycat*, qui a été un énorme succès. *Love and death* sera donc un triomphe ! »

Il ne se trompe pas. Apparemment, Dieu ne lui en veut

pas trop puisque le film obtient des critiques dithyrambiques et est rentabilisé après trois semaines de distribution aux Etats-Unis seulement. A Paris il attirera cinq cent mille spectateurs environ au cours de sa première exclusivité, très bien accueilli dans toute la France, y compris en Corse, bien que Napoléon n'y soit guère mis à l'honneur.

Pour beaucoup, *Love and death* est le premier véritable chef-d'œuvre de Woody Allen.

V

Comme nous l'avons vu, Woody Allen hait la politique et les politiciens. Il l'a déclaré sur tous les tons et sous toutes les formes jusqu'en 1975. Il s'est attaqué à ce domaine pour mieux le critiquer avec *Bananas*. Il a réitéré ses attaques par l'intermédiaire de *Woody et les robots*. Mais pourtant, cette fois, il va vraiment s'engager dans la politique d'une manière beaucoup plus active tout en restant très critique.

The front est un film réalisé par Martin Ritt, l'un des plus grands metteurs en scène de la « nouvelle vague » américaine, et produit par Martin Ritt lui-même en association avec Charles Joffé et Jack Rollins. Sur un scénario de Walter Bernstein, Martin Ritt souhaitait depuis longtemps tourner ce film, ayant figuré sur la célèbre liste noire du sénateur MacCarthy. A cause de cela, ils avaient été contraints de cesser toute activité professionnelle pendant plusieurs années. Au début des années cinquante. Martin Ritt n'était encore que réalisateur de télévision et avait donc été exclu du petit écran. Il était aussi acteur mais ne trouvait plus personne pour l'employer. Quant à Walter Bernstein, pendant huit ans, il n'allait plus pouvoir placer ses textes de qualité bien que certains de ses scénarios soient devenus auparavant des films de grande valeur comme *Les Fous du roi,* de Robert Rossen.

Pour contourner ces difficultés, Bernstein était devenu « nègre », c'est-à-dire qu'il avait écrit pour d'autres auteurs, lesquels avaient obtenu les honneurs à sa place. Ritt, par contre, s'était trouvé dans l'impossibilité de faire la même chose, le métier d'acteur et celui de réalisateur ne pouvant pas utiliser de « doubles ».

Revenons donc à 1975 où les deux hommes sont devenus amis et désirent tous les deux monter ce projet qu'ils ont en commun depuis longtemps déjà. Ritt, le scénario de Bernstein sous le bras, a rencontré plusieurs producteurs mais toutes les portes se sont fermées devant lui à Hollywood et dans les grands studios new-yorkais. Bien qu'il soit maintenant un metteur en scène très célèbre (parmi les films les plus importants de Martin Ritt, rappelons : *Les Feux de l'été*, *Le Bruit et la Fureur*, *Cinq femmes marquées*, *Le Plus Sauvage d'entre tous*, *L'espion qui venait du froid*, *Hombre* et *Traître sur commande*, pour ne citer que ceux-là, entre autres chefs-d'œuvre).

Il faut dire que son scénario est très sérieux, très virulent, et qu'il attaque peut-être un peu trop directement le maccarthysme, la fameuse Commission des Activités Anti-Américaines, qui luttait contre le communisme. Comprenant qu'ils n'arriveront à rien ainsi, Bernstein et Ritt se remettent ensemble au travail sur leur scénario : Hollywood ne veut pas d'un drame politique, peut-être acceptera-t-il une comédie ! Le problème sera tout autre après qu'ils eurent trouvé un producteur : il leur faudra ensuite avoir l'accord d'un acteur ! Mais lequel ? Peu de noms de vedettes du cinéma comique leur viennent à l'esprit...

En attendant de trouver le comédien idéal, ils travaillent durant six semaines sur un nouveau texte qu'ils présentent bientôt à la Columbia, par l'intermédiaire du producteur David Begelman. Et, surprise, la Columbia accepte le projet. Nous en revenons donc au problème de l'acteur. Apparemment, aucun comique ne peut faire l'affaire : ni Jerry Lewis, ni Woody Allen qui ne tourne que dans ses films. Un acteur réputé dans la comédie sentimentale ? Walter Matthau, Jack Lemmon, Tony Curtis... Pas possible ! Alors Begelman décide d'essayer tout de même auprès de Woody Allen.

Woody lit le script, le trouve intéressant mais refuse néanmoins. La raison en est simple : il sait qu'il n'aura pas son mot à dire, qu'il redeviendra un simple acteur, et cela l'ennuie beaucoup. Il est maintenant une star, a peur de décevoir son public non pas à cause d'une idéologie politique, mais simplement en n'étant plus lui-même, de surcroît dans le film d'un autre.

Et puis brusquement, il accepte malgré tout, pressé par les directeurs de la Columbia :

« Je prenais un gros risque en travaillant dans un film dont je ne serais pas le metteur en scène ni l'auteur et sur lequel je n'aurais aucun contrôle. Je ne savais pas du tout ce que je donnerais dans un film dramatique et j'ai d'abord conseillé à Ritt d'engager Jack Nicholson...

« Ce qui m'a rendu mal à l'aise durant le tournage c'est de ne pas pouvoir improviser ni changer des choses. J'ignorais totalement où j'allais. Mon seul domaine, c'est le comique. Quand je regarde les rushes d'un de mes films, même si je suis mal photographié, je sais quand c'est comique et je sais s'il manque quelque chose. Mais quand je regarde les rushes d'un film dramatique, je nage. »

Ce qui veut bien dire que, même si Ritt et Bernstein ont le sentiment d'avoir transformé leur film en comédie, il reste un drame politique aux yeux de Woody Allen !

L'action se situe en 1953.

Howard Prince, New-Yorkais, gagne chichement sa vie comme plongeur d'un petit restaurant et comme bookmaker. Il est contacté par un ami d'enfance, Alfred Miller, écrivain, qui lui demande de l'aider. A cause de ses opinions politiques, Miller a été mis sur une liste noire qui le met dans l'impossibilité d'écrire pour la télévision. Il vient d'écrire un nouveau feuilleton et demande à Howard de lui servir de « prête-nom ».

Le feuilleton, dont le principal rôle est interprété par le comédien Hecky Brown, remporte un énorme succès. Florence Basrett est la jeune et jolie scripte du feuilleton. Phil Sussman en est le producteur.

Howard est maintenant célèbre. Une idylle se noue entre lui et Florence. En raison du passé douteux de Hecky, Howard et ce dernier font l'objet d'une enquête. Les autorités obligent Hecky à réunir des informations sur Howard. Florence essaie de convaincre Howard qu'il devrait cesser d'écrire pour la télévision et se consacrer plutôt aux problèmes politiques de son époque.

Hecky se suicide en se jetant du haut d'un pont. Howard à son tour est assigné à comparaître devant le Comité du Sénat sur les activités anti-américaines. Howard avoue à Florence qu'il n'est qu'un prête-nom.

Devant le Comité, Howard prononce tout d'abord un discours vibrant de patriotisme, puis il accuse le « système » d'avoir tué Hecky Brown. Il dit ce qu'il pense et parle des pressions, de la persécution, de la peur...

Après ce que l'on a dit précédemment, on constate à la lecture du résumé du scénario, que le texte de Bernstein est basé sur des faits réels, autobiographiques même. Comme l'a fait Bernstein, le héros utilise un prête-nom pour continuer à vivre de son métier. Bien d'autres auteurs ont été contraints de faire de même à cette époque sinon ils se condamnaient à mourir de faim... ne pouvant même pas changer de profession dans la plupart des cas.

Par exemple le suicide du personnage nommé Hecky Brown est directement inspiré de celui de Philip Loeb, un acteur juif qui a vécu le même drame que le personnage du film. A ce sujet, notons le nombre très important de Juifs figurant à la fois dans la fiche artistique et dans la fiche technique de *The front*. Ritt a insisté pour que cela soit ainsi, afin de rappeler que les « persécutions politiques » sont souvent très proches des « persécutions raciales ».

Guy Allombert, dans *La Saison cinématographique 1977,* analyse le *Prête-nom,* titre français de *The front,* sorti à Paris au début de l'année 1977 :

« Le maccarthysme a sévi, il y a vingt ans, aux U.S.A. : on se souvient des fameux "Dix de Hollywood" qui firent de la prison pour avoir refusé de témoigner contre des amis. Mais, pour les Européens, le fléau n'aurait concerné que les milieux du cinéma. Or, dans ce film de Martin Ritt, sont donnés d'autres exemples : la fameuse "liste noire" comprenait aussi des producteurs, des auteurs, des techniciens, des comédiens.

« L'action est concentrée dans les milieux de la télévision et montre, avec netteté, l'influence d'officines occultes, pratiquant le chantage et réussissant à éliminer tous ceux qui avaient eu des idées libérales ou de gauche. Le scénario de Walter Bernstein part de faits réels et mène à un climat dramatique efficace et bientôt émouvant. La mort de Zero Mostel (Hecky Brown) n'est pas sans évoquer celle de John Garfield (on retrouve d'ailleurs le maccarthysme dans *Marathon man* de John Schlesinger) et le nom de Miller, donné au premier écrivain inscrit sur cette liste, n'a pas été choisi par hasard. Remarquablement interprété par Woody Allen et Zero Mostel, ce film-témoignage est réalisé avec soin par Martin Ritt : il risque de dérouter le public français, pour qui cette période de fascisme aux U.S.A. n'est guère familière. Le générique final indique, après certains noms, "Black list" : l'avertissement ne devrait pas être négligé. »

Rappelons que Zero Mostel a été lui aussi une célèbre victime du maccarthysme. Il est mort peu après le tournage de ce film, au mois de septembre 1977.

Woody Allen tient donc ici son premier rôle semi-dramatique. Le succès du film aux Etats-Unis est tel qu'Allen devient le sujet d'une bande dessinée intitulée *Inside Woody Allen*. La bande est publiée dans cent quatre-vingt journaux et le sera quelques années plus tard en France, dans *France-Soir*.

Avant de passer aux véritables drames psychologiques auxquels il aspire, Woody Allen demeure toujours dans une sorte de comédie amère en cette année 1977.

Annie Hall est son nouveau film, avec toujours Diane Keaton pour partenaire et, dit-on, inspiratrice. Placé sous le signe du rire et de l'émotion, organisé en réminiscences burlesques, tendres, vengeresses ou pathétiques, *Annie Hall* apparaît dès sa sortie comme le plus personnel, le plus achevé et sans doute le plus directement autobiographique des six films de Woody jusqu'à cette date. Face à sa partenaire de choix, véritable star du film, inspiratrice partielle des images (Hall est son véritable nom), Diane Keaton permet à Allen de conjuguer en une trame sophistiquée, étonnamment variée, les techniques du monologue intérieur, du dessin animé, de l'aparté et de l'association libre. Ainsi, l'œuvre commence par un plan fixe sur le visage de l'auteur qui s'adresse aux spectateurs, lui disant très clairement sa philosophie : « la vie c'est de la

57

merde mais on en redemande ! » plus exactement, il le dit en ces termes :

« Voici une vieille blague. Deux femmes d'un certain âge sont à la montagne, dans les Catskills et la première dit à la seconde : "La nourriture est de plus en plus infecte ici". L'autre répond : "C'est vrai, et en plus les portions sont minuscules ! » Eh bien, en gros, c'est ainsi que je vois la vie : pleine de solitude, de misère, de souffrance, de malheur... et, en plus, c'est tout de suite fini ! »

Il n'y a vraiment pas là de quoi faire s'esclaffer le spectateur. La philosophie allenienne se précise de film en film. La peur de la mort est toujours présente mais « mieux vaut en rire ».

Alors, entre les souvenirs hilarants d'une enfance traumatisante, les scènes-flash de la vie new-yorkaise et la satire dévastatrice d'une Californie « où l'on transforme même les ordures en shows télévisés » se dessine le portrait, sans retouches apparentes, du plus réticent et du plus introspectif des comiques contemporains. La plaisanterie métaphysique non-sensique, la pirouette verbale, la supputation infinie, le pessimisme foncier, l'insécurité, les hantises jumelées du sexe et de la mort s'intègrent ici, pour la première fois, non à une parodie de genre, mais à une chronique que leste le poids du réel et du vraisemblable.

Journal doux-amer de la vie d'un couple, scènes maritales (dans le maelstrom claustrophobique de New York, fragments d'existence séparés que traversent, de part en part, le sentiment du temps qui passe, le remords d'un engagement manqué, le souvenir d'un mensonge, et le regret d'un oubli.

« Je voulais faire un film plus humain, plus profond, sur un véritable personnage, pas un type qui se réveille dans le futur, ou un révolutionnaire, ou un voleur de banque. Je voulais interpréter mon propre rôle et que Diane joue le sien. Notre vie à New York. Les vrais conflits. »

Quand Woody commence le tournage de ce film, au mois de mai 1976, *The front* n'est pas encore sorti dans les salles américaines et il ignore donc l'accueil du public pour le film de Martin Ritt. Peu importe, il sait ce qu'il a à dire et comment il veut le dire. Mais il refuse que la presse en parle sans avoir visionné son œuvre. C'est donc dans le plus grand secret qu'il se met au travail, comme il le fera d'ailleurs la plupart du temps pour ses films suivants. La déclaration ci-dessus, il ne la prononcera que le jour de la première présentation à la presse.

Eviter la publicité, ou plutôt les relations publiques, peut être aussi une manière intelligente de faire parler d'un film, donc de faire pour lui de la publicité... indirectement. Le mystère s'épaississant au fur et à mesure du tournage, les spectateurs sont de plus en plus impatients d'aller voir le film dès sa sortie. Assisteront-ils à un nouveau *Love and death,* un nouveau *Bananas,* un nouveau *Play it again, Sam 0* Non, rien de tout cela, ils auront simplement un nouveau Woody Allen !

Pour ne pas se mettre mal avec les journalistes, Woody ne refuse pas les interviews, mais, comme à son habitude, il y déclare n'importe quoi :

« C'est l'histoire d'un type de quarante ans qui reconsidère ses relations avec les animaux... »

« C'est l'histoire d'une femme qui multiplie les aventures masculines avant de tomber dans mes bras et de découvrir que je suis le plus séduisant... »

« C'est l'histoire d'un couple... »

Et puis, parmi toutes ces déclarations fantaisistes, il en mêle une qui est réelle :

« Le film raconte l'histoire d'un type de quarante ans — j'en ai quarante-deux — qui reconsidère sa vie entière et ses relations avec les femmes. »

Mais de toutes celles-ci et de bien d'autres encore, comment découvrir la vraie, lorsqu'on est un simple lecteur de magazine ?

Le scénario, écrit bien sûr par Woody Allen mais en collaboration avec Marshall Brickman, est un habile montage des nombreuses anecdotes du quotidien sur lesquelles sont placés des dialogues particulièrement spirituels. En résumé donc, il pourrait ne pas y avoir d'histoire mais une suite de sketches comme dans *Tout... sur le sexe.* Woody Allen voit les choses différemment, raconte donc une chronique, et réalise encore un chef-d'œuvre qui

59

obtiendra l'Oscar du meilleur film et celui du meilleur scénario de l'année 1977.

Dans *Annie Hall*, Woody s'appelle Alvin Singer, ce qui signifie en argot new-yorkais « plouc » (Alvin) et « pigeon » (Singer). Il rencontre Annie qui représente tout ce qu'il n'a pas connu après deux mariages ratés. Multipliant les introspections vertigineuses, Alvin a besoin d'une partenaire, d'une compagne de route. Pour le suivre, Annie suit des cours, ce qui ne se fait pas sans mal. Elle doit ensuite ne plus fumer de joint avant de faire l'amour, car Alvy déteste cette habitude. Jaloux, il la suit dans la rue pour être certain de sa fidélité...

C'est trop ! C'est plus que la jeune fille ne peut en supporter. Elle « entre en analyse » et ils se séparent bientôt. Une nouvelle épreuve pour chacun d'eux avant la rupture définitive. Lorsqu'ils se reverront, Annie vivra avec un autre homme...

Le héros est toujours un anti-héros, inadapté, perdant parce que trop sensible. De nombreux spectateurs s'identifient à Allen ou du moins à l'existence drôle et dramatique, drôlement dramatique, de Alvin Singer. A tel point qu'*Annie Hall* est le plus grand film de l'année aux Etats-Unis et peut-être dans le monde. En plus des deux Oscars déjà cités, il permet à Woody d'obtenir celui du meilleur metteur en scène et à Diane Keaton celui de la meilleure actrice.

Venant après deux films aussi méticuleusement construits que *Woody et les robots* et *Guerre et Amour, Annie Hall* aurait pu passer d'abord pour une œuvre de moindre importance, aux ambitions beaucoup plus modestes. Mais les apparences étaient trompeuses...

Une étude consacrée à ce film dans l'encyclopédie *Le Cinéma* (Editions Atlas) note les points suivants :

« D'un point de vue strictement cinématographique, c'est avant tout un film où le comique est d'une remarquable complexité. L'exemple le plus frappant se situe lors de la première rencontre d'Alvey et d'Annie : à un échange de banalités courtoises viennent s'intégrer des sous-titres qui révèlent peu à peu les angoisses et les pensées secrètes des deux personnages. Mais on peut également citer l'irréalisme étonnant avec lequel Alvy évoque son enfance : l'appartement familial est ainsi situé directement sous les montagnes russes de Coney Island. Ou encore quand il pense à l'école où il allait autrefois ; chacun de ses camarades de classe se lève en s'adressant directement au public pour l'informer de sa propre réussite sociale : "Je suis le patron d'un magasin de vêtements féminins très prospère", coasse un minuscule personnage ; "Je fais dans le cuir !" proclame fièrement une petite fille quelconque. »

Plus fondamentalement, *Annie Hall* possède une dimension personnelle délibérée, absente des films précédents, et qui est pour Allen comme un nouveau point de départ. Bien entendu, Alvy n'est pas qu'un simple autoportrait de son créateur, mais les ressemblances sont nombreuses. Cela va de l'amour du tennis à l'admiration pour *La Grande Illusion* (1937) en passant par le même mépris, typiquement new-yorkais, pour la Californie. Jouant devant un public d'étudiants, Alvy reprend des sketches écrits par Allen au début de sa carrière. Mais surtout, l'histoire d'amour entre Alvy et Annie fait écho, quelques années plus tard, à une liaison (qui fit le bonheur de la presse) entre Allen et Diane Keaton, sa partenaire.

De ce point de vue, lorsque Alvy, au lit avec Annie, lui avoue : « C'est encore plus drôle que quand j'éclate de rire », il faut voir là en même temps la volonté de Woody Allen d'être humoriste et son désir d'aller plus loin dans l'expression directe des sentiments. Un slogan publicitaire assez bien vu proclame que le film est « une romance inquiète », et, de fait, en dépit d'innombrables gags et mots d'esprit (parfois caustiques, parfois attendris), *Annie Hall* est une histoire d'amour... qui finit mal. La séquence de Los Angeles, où Alvy détruit minutieusement sa voiture de location après sa rupture avec Annie, est à la fois la mise en œuvre d'un mécanisme comique (du type tension/détente) et l'expression même du manque et du dépit qu'il ressent.

Peut-être le titre induit-il en erreur. Si le film accorde à Annie une existence autonome (avec de brèves séquences évoquant sa vie passée) elle reste avant tout un échec d'Alvy. Le point de vue est délibérément subjectif : dès le début Alvy monologue devant la caméra – et ainsi jusqu'à la fin avec une complaisance masochiste. Sardoniquement, on le voit ainsi incorporer à la pièce qu'il écrit la scène de sa rupture avec la jeune femme, mais cette fois, elle accepte avec enthousiasme de revenir vivre avec lui.

Le film est manifestement l'expression d'un vœu, dont il est la réalisation imaginaire. Lors d'une séquence mémorable à l'entrée d'un cinéma, un insupportable raseur pérore sur le dernier Fellini en invoquant niaisement l'œuvre de Marshall McLuhan, lorsque celui-ci survient et lui coupe ses effets en le traitant de charlatan. Alvy tourne alors vers la caméra en se lamentant : « Si seulement c'était toujours comme ça dans la vie réelle ! »

Les clins d'œil cinéphiliques sont très nombreux (on voit Woody dialoguer avec la cruelle reine de *Blanche-Neige* dont il dit avoir été amoureux étant enfant. Il rappelle que dans *Le Voyage fantastique,* il s'identifiait au microbe, etc). Quand à l'admiration d'Allen pour Bergman, elle est évidente et si l'on voit les affiches de *Face à face,* on pense beaucoup aux *Fraises sauvages* du grand metteur en scène suédois.

Annie Hall, qui sort dans les salles françaises le 16 septembre 1977, triomphe à travers toute l'Europe comme il l'a fait aux Etats-Unis quelques mois plus tôt. Il indique dans quelles directions Woody Allen va s'engager désormais. Il démontre aussi, par la grande maîtrise avec laquelle s'ordonnent des éléments d'allure capricieuse, que l'auteur sait, bien plus qu'Alvin Singer, faire du désordre de la vie quelque chose qui ressemble fortement à de l'art. Comme presque tout le monde, Singer/Woody Allen ne peut pas vivre avec la vie, mais il peut encore moins vivre sans elle !

Woody a fait ici le récit grinçant des petites tragédies de la vie new-yorkaise, il a révélé ses blessures secrètes, prétexte à de cruelles plaisanteries sur lui-même. Une auto-destruction qu'il poursuivra dans ses films suivants et sur laquelle plane le doute torturant, proche de la panique, sur la valeur de sa propre célébrité, un doute auquel vient s'ajouter l'épuisante question des femmes. *Manhattan* en 1979 et *Stardust memories* en 1980 montrent, comme *Annie Hall,* l'échec du héros dans ses relations avec les femmes, à chaque fois en raison d'un sentiment obsessionnel d'insécurité relatif à ses pouvoirs créateurs, à son intégrité artistique, à la valeur de son œuvre. Dans *Annie Hall* cette angoisse existentielle a pris la forme du complexe de Pygmalion...

VI

Le septième film réalisé par Woody Allen est aussi sa première tentative exclusivement dramatique. Sans doute est-ce pour cette raison que l'auteur du scénario n'a pas voulu s'écrire un rôle pour lui-même.

Diane Keaton, par contre, fait sa quatrième apparition sous les ordres du metteur en scène qui est toujours l'homme de sa vie. Entre-temps, depuis *Tombe les filles et tais-toi,* Diane a obtenu quelques rôles importants dans *Le Parrain 2* de Francis Ford Coppola (elle avait déjà été l'une des héroïnes du *Parrain*), dans *C'est toujours oui quand elles disent non* avec Elliott Gould, et surtout *A la recherche de Mr Goodbar* de Richard Brooks, film dont elle venait d'achever le tournage quelques semaines avant d'entreprendre la nouvelle œuvre de Woody Allen, *Interiors.*

Interiors évoque le besoin de souffrance gratuite avec tant d'insistance qu'il tourne à la parodie. L'exploration morale des membres d'une famille dans un style cher à Ingmar Bergman (Woody Allen reconnaît s'être inspiré partiellement de l'œuvre de Bergman) est le prétexte pour l'auteur à répartir ses propres tourments entre plusieurs personnages, d'une manière très démocratique.

Lorsque Jack Rollins et Charles Joffé, toujours fidèles à Allen, décident de monter cette œuvre difficile, ils savent qu'elle n'obtiendra probablement pas le même succès commercial que les films comiques du cinéaste. Ils savent aussi que Woody tient absolument à s'essayer dans ce domaine délicat et qu'il ne pourra pas tourner autre chose tant que son scénario n'aura pas été porté par lui à l'écran. Woody et ses producteurs font avant tout appel à quelques comédiens particulièrement talentueux, des hommes et des femmes pour la plupart acteurs de théâtre. Leur talent est indispensable à cette œuvre qui nécessite un soin tout particulier.

Géraldine Page, qui a une très remarquable carrière au cinéma, à la télévision et au théâtre, a souvent été louée par les critiques pour l'acuité de ses différents portraits de femmes en état de crise. Née dans le Missouri, épouse de l'acteur Rip Torn, elle est venue à New York au début des années cinquante, conduisant brillamment au succès des pièces telles que *L'Immoraliste, Eté et Fumée, Table séparée, Doux oiseau de jeunesse* et *Les Trois Sœurs*. Elle a reçu parallèlement des nominations à l'Oscar pour ses rôles à l'écran dans *Hondo, Eté et Fumée* et *Doux oiseau de jeunesse*.

Titulaire de deux Emmy Awards pour son interprétation en vedette de la série télévisée *The Defenders*, E. G. Marshall est l'un des comédiens les plus appréciés de la scène américaine. Né dans le Minnesota, il a commencé sa carrière en 1933, partant en tournée avec la pièce *Golden boy* sous la direction d'un jeune metteur en scène nommé Elia Kazan. On l'a vu par la suite dans, entre autres, *Moi et le colonel, En attendant Godot, Le Joueur, La Forêt pétrifiée, La Vipère, Rendez-vous au Plaza...* Il a aussi plus de soixante-dix films à son actif dont *Douze hommes en colère, Ouragan sur le Caine* et *La Main gauche du Seigneur*.

Maureen Stapleton fut une élève de Herbert Berghof. Vedette à New York en 1951 avec *La Rose tatouée* de Tennessee Williams, elle a peu à peu conquérir ses galons de grande comédienne de la scène avec *Orphée aux enfers, La Ménagerie de verre* et surtout *Gingerbread lady* pour lequel elle a remporté un Tony Award en 1971.

Richard Jordan, natif de New York, est le jeune héros du film. Après avoir débuté sur scène dans le rôle du jongleur de la *Folle de Chaillot*, il a travaillé pendant cinq années consécutives avec le New York Shakespeare Festival. La télévision l'a rendu populaire grâce à la série *Captain and the Kings,* inconnue chez nous.

Autour de ces cinq vedettes, on trouve les noms de Mary Beth Hurt, une actrice new-yorkaise qui fait ici ses débuts à l'écran, Kristin Griffith née dans le Texas et vue à Broadway dans *A Texas trilogy* (elle a aussi fait partie d'une troupe consacrée entièrement à l'œuvre de George Bernard Shaw et elle est membre de l'Ensemble Studio Théâtre), et Sam Waterston qui a été le fils de Katharine Hepburn dans *La Ménagerie de verre,* a joué aux côtés de Redford, au cinéma, dans *Gatsby le magnifique* mais surtout se fera connaître du monde entier sept ans plus tard en étant la vedette de *La Déchirure.*

Le tournage de *Interiors* se déroule, bien sûr, exclusivement en intérieurs, même si le titre désigne davantage l'intérieur des âmes que celui du décor ! Relativement peu coûteux pour un long métrage de Woody Allen, ce tournage dure neuf semaines seulement, après avoir nécessité pourtant, comme nous l'avons dit, un soin extrême de la part du réalisateur plus maniaque encore qu'à son habitude.

Pour cela, à cause de cela, le film va souffrir d'une certaine prétention. Des critiques vont reprocher à Woody Allen, « le clown », de se prendre pour Bergman. Il est exact que l'ennui bergmanien s'infiltre dans les gros plans des visages, des gros plans qui ne parviennent pas à entrer à l'intérieur des esprits. L'œuvre qui se veut profonde reste seulement superficielle et ennuyeuse. C'est un échec financier, c'est un échec tout court qui obtient néanmoins quelques avis favorables, parmi une certaine élite intellectuelle. Ce n'est pas elle que Woody Allen a pourtant cherché à toucher...

Probablement pour se racheter aux yeux de ses admirateurs, qui lui réclament avant tout du rire, mais en même temps pour ne pas se renier à ses propres yeux, Allen réalise *Manhattan* au début de l'année 1979.

Pour traiter cette histoire, il choisit le procédé noir et blanc, pensant que la couleur risque d'être un élément de dispersion de l'attention du spectateur. La gamme des dégradés de gris offre au contraire au réalisateur le moyen d'accorder la tonalité photographique du film aux sentiments des protagonistes.

« Troisième film de la seconde inspiration de Woody Allen, *Manhattan* conserve donc la profondeur d'introspection d'*Intérieurs* mais opère comme dans *Annie Hall,* une synthèse du comique et du pathétique, et inscrit en images ce mot fameux : « L'humour est la politesse du désespoir, comme l'écrit Christian Bosseno dans *La Saison cinématographique 1980.*

L'histoire est celle d'Isaac Davis, un homme de quarante-deux ans, qui réécrit sans cesse le premier chapitre d'un livre où ses « expériences » restent inséparables de son amour pour New York. Au rythme des saisons : Manhattan et Broadway, le Brooklyn Bridge et l'Hudson River, Central Park, Times Square et le Greenwich Village. Sa seconde épouse, Jill, l'a quitté pour une autre femme et rédige elle-même un ouvrage de souvenirs. Il sort de temps en temps, « en garçon », avec son jeune fils Willie.

Isaac Davis vit présentement avec Tracy, collégienne de dix-sept ans. Il l'abandonne pour Mary Wilke qui se sépare de Yale, lui-même marié à Emily et meilleur ami d'Isaac.

Mary, cependant, regagnera le giron de l'homme adultère... Isaac essaiera de reconquérir l'affection de Tracy... Tracy, qui a grandi (elle a maintenant dix-sept ans !), lui imposera une salutaire période de réflexion.

Chroniques de couples façon *Annie Hall,* mise en scène géométrique façon *Intérieurs,* délices verbaux évidemment (« Tu te prends peut-être pour Dieu ? » « Il faut bien se modeler sur quelqu'un ! »), gags visuels surprenants (telle main flânant au gré d'une barque et draguant une eau vaseuse à souhait), *Manhattan,* à juste titre, va faire pour son humour, son acuité, sa tendresse, son charme et sa beauté l'unanimité de la presse américaine.

La seule divergence entre les critiques et l'auteur est sur la fin du film. En effet, si Isaac finit par se décider pour Mary, ce qui nous vaut une scène très émouvante au cours de laquelle il explique à Tracy, en larmes, qu'elle gâche sa vie avec un homme qui a le double de son âge et qu'elle devrait aller à l'école d'art dramatique, à Londres, si Tracy se résout à le quitter, le cœur brisé, ce n'est que plus tard qu'Isaac comprendra qu'elle était bien la femme de sa vie, lorsque Mary partira à son Tour. Toutefois, il est difficile de dire si Isaac a réellement appris quelque chose sur lui-même ou s'il s'affole simplement à l'idée de se retrouver seul. C'est une lacune quelque peu frustrante dans cette histoire par ailleurs très finement observée. Isaac y apparaît moins pathétique que méprisable... ce qui n'est sans doute pas ce qu'Allen souhaitait !

Le choix des quatre partenaires féminines de Woody est tout à fait judicieux. Si Diane Keaton incarne Mary Wilke avec le talent qu'on lui connaît désormais, c'est Mariel Hemingway qui joue le rôle de Tracy. Petite-fille d'Ernest Hemingway, Mariel suit ici les pas, sur la voie de la notoriété, de ses sœurs aînées : Joan, romancière à succès et auteur de *Rosebud,* et Margaux, mannequin très recherché et actrice. On n'avait vu Mariel à l'écran qu'à deux reprises avant *Manhattan* : dans *Lipstick* auprès de Margaux et de Anne Bancroft, et dans une dramatique de télévision : « I want to keep my baby ».

Meryl Streep joue Jill l'ex-femme d'Isaac. Titulaire d'une Emmy Award pour sa prestation dans le célèbre *Holocauste,* nommée à l'Oscar du meilleur second rôle pour sa participation dans *Le Voyage au bout de l'enfer* de Michael Cimino, elle a pareillement conquis le public de Broadway dans une pièce de Tennessee Williams *27 wagons full of cotton.* Meryl avait débuté à l'écran dans *Julia* de Fred Zinnemman. Elle est depuis devenue l'une des toutes premières actrices du cinéma américain.

Quand à Anne Byrne, qui interprète Emily, elle est une ballerine professionnelle, épouse à l'époque de Dustin Hoffman. Elle avait joué au côté de son mari dans *Papillon* puis était apparue dans un film de Lina Wertmuller, auprès de Candice Bergen et de Gian-Carlo Giannini.

Enfin, l'autre rôle masculin du film, celui de Yale, est interprété par Michael Murphy, déjà vu auprès de Woody Allen dans *Le Prête-nom* de Martin Ritt. Murphy est un membre régulier de la « troupe » de Robert Altman.

Manhattan sort aux Etats-Unis au printemps 1979, attirant immédiatement sur lui les critiques les plus dithyrambiques. Pressé de questions Allen n'accorde que peu d'interviews à propos de son nouveau film, tout auréolé de gloire après seulement quelques jours de projection. Par contre, Mariel Hemingway devient une star du jour au lendemain. Elle déclare sur le film et Woody :

« Woody Allen a improvisé énormément au cours du tournage. Il m'a laissé faire ce qui me venait le plus naturellement. Il a surtout utilisé ce qui est spontané en moi. J'ai énormément appris sur le plateau de *Manhattan*. »

Sous le même titre, le film est distribué à Paris à partir du 5 décembre de la même année. Il va attirer 700 000 spectateurs à Paris au cours de son exclusivité devenant ainsi le plus grand succès des films de Woody Allen à ce jour.

Christian Bosseno l'analyse :

« L'ouverture est superbe, envoûtante, nostalgique : lente découverte des gratte-ciel de Manhattan barrant l'horizon, métro aérien... sous-tendue par les accents vibrants de la musique de Georges Gershwin *(Rhapsodie in blue)* jamais aussi bien servie par le cinéma. D'entrée, ces images fascinantes et poétiques donnent le ton de ce "film-cri" qui sera d'abord une déclaration d'amour pour cette métropole grouillante et gigantesque où se côtoient les millions de solitudes : New York − et plus précisément son cœur, la presqu'île de Manhattan. D'autres photos très belles : le dialogue d'Isaac et de Mary dans le décor irréel du Planétarium, ou cette séquence admirable découvrant au petit matin, ce même couple, sur un banc public, au bord de l'Hudson, près du Pont de Queensborough. Jamais sans doute Manhattan, quartier familier, même s'ils n'y furent jamais physiquement, à tous les amoureux du cinéma, n'aura été filmé avec pareilles ferveur et réussite.

« Par ces images sous-tendues par la passion et formellement belles, le film déjà nous saisit et nous bouleverse ; et il ne nous lâchera jamais.

« Isaac Davis, malgré sa "réussite" intellectuelle, est un paumé, agressé par la vie et déçu par elle, intelligent et lucide, il apparaît pourtant fébrile, comédien, lâche, insatisfait, décontenancé, mal en sa peau. Sa vie sentimentale n'est qu'une suite d'échecs. Divorcé deux fois, affolé à l'idée de voir ses tics et misères jetés en pâture à un public avide de petits scandales, incapable de vivre sereinement l'amour total que lui offre une grande fille toute saine mais beaucoup plus jeune que lui et qu'il n'ose affronter, inhibé par cette différence d'âge qui l'effraye, ballotté par le revirement amoureux de l'intellectuelle snobinarde et bavarde qu'il a décidé d'aimer, traumatisé par ses échecs, mais ardent toujours comme ultime sauvegarde contre le désespoir son humour, il vit douloureusement dans la multitude new-yorkaise, le sentiment de sa solitude fondamentale. C'est en fait, par-delà la fiction, une très poignante réflexion sur lui-même, et à travers lui, sur les autres, que nous livre sans fausse pudeur Woody Allen transparent sous le personnage d'Isaac Davis. Que le film ait un immense succès ne change rien à son authenticité, sa sincérité n'est pas en cause et il faut s'inscrire en faux contre le terrorisme qui conduit à prendre une distance vis-à-vis d'un film parce que celui-ci reçoit l'adhésion du public. Il ne faut voir ici que la rencontre exceptionnelle d'une œuvre forte avec un public qui, parfois soumis aux mêmes fantasmes et angoisses existentielles que l'auteur du film, s'investit à son tour dans la fiction-réalité de l'œuvre.

« Le noir et blanc (et ici le gris, dominante majeure des plans-séquences) facilite sans doute cette osmose, cette communion...

« ... Avec bien sûr, le sexe (et le couple) toujours lui, au centre de toutes les misères, des péripéties drôles et tragiques, des situations inconfortables, des contradictions dont on prend le parti de rire pour ne pas succomber à la désespérance, le parti de moquer sa propre peur, sans pour autant réussir à l'exorciser.

« Et de fait, on sourit, souvent à regarder cette satire acide de notre temps. Les gags participent tant des dialogues (la tirade sur les "surestimés") que de l'image (la main que Woody Allen laisse nonchalamment pendre de la barque et qu'il retire aussitôt noire et gluante d'immondices : la séquence s'annonçait romantique, elle s'achève sur un éclat de rire). »

Avec *Manhattan,* secondé par sa fidèle équipe : Gordon Willis, directeur de la photo, Susan Morse, monteuse, et Mel Bourne, directeur artistique, Woody Allen venait d'écrire, de réaliser et d'interpréter une ode à New York dans laquelle défilent, au rythme de Gershwin, les impressions et les expériences d'un écrivain quadragénaire ballotté entre deux amours. La chronique d'un couple dans une ville insaisissable débordant toute velléité d'écriture. Le film le plus tendre d'Allen et l'autopsie définitive du langage intellectuel des années soixante-dix.

L'auteur ignorait encore, lorsqu'il avait écrit son scénario, que lui-même allait bientôt être ballotté entre deux amours : il allait en effet rencontrer quelques semaines plus tard une actrice nommée Mia Farrow...

VII

Le tournage de *Stardust Memories* commence à la fin de l'année 1979, en extérieurs à Ocean Grove puis à Asbury Park.

Une nouvelle fois éclairé en noir et blanc par Gordon Willis, le nouveau film de Woody Allen se veut une sorte de « film dans le film », un voyage onirique dans le temps, un peu à la manière du *Huit et demi* de Federico Fellini. Son sujet : les drames d'un cinéaste, ses crises sentimentales, le passage à vide de l'inspiration.

Le héros Sandy Bates, perturbé par son immense succès et lassé des commentaires de ceux qui s'émerveillent devant son génie, désireux enfin de ne plus entreprendre de sujets comiques (« Personne ne peut me forcer »), ce réalisateur donc pressé par ses intimes, accepte de se rendre dans un hôtel du littoral de Long Island, le Stardust, et d'assister à une rétrospective de son œuvre. Il répondra aux questions des cinéphiles :

« Quelle était l'exacte signification de la Rolls Royce dans votre film ?

– Je pense qu'elle représentait la voiture du personnage principal ! »

Il s'auto-analysera. Il signera des autographes. Il ajoutera visions et jugements à ses fantasmes et surtout il brossera trois nouveaux portraits féminins...

Trois autres femmes donc dans la vie de Bates-Woody

Allen. Ce sont cette fois Daisy, une jeune spectatrice admiratrice inconditionnelle, interprétée par Jessica Harper ; Dorrie, une comédienne belle et compliquée ; Isobel, une Française rayonnante auprès de laquelle il aimerait trouver son équilibre.

Dixième long métrage réalisé et interprété par Allen. C'est la première fois depuis le début de sa carrière que le réalisateur fait appel à autant de figurants. Il les a d'ailleurs recrutés lui-même après les avoir reçus un à un dans son bureau afin de connaître leur physique, leurs capacités, leur volonté, leur puissance de travail.

« Pour certaines scènes de foule, il me fallait deux jours rien que pour régler le mouvement. Pour que cela ne soit pas monotone, il fallait régler ça comme un ballet. Au tournage, tout le monde devait bouger dans une direction pré-établie... »

Après trois semaines seulement de tournage en extérieurs, Woody et ses comédiens s'installent dans un studio new-yorkais où la plus grande partie du film va être mise en boîte. « Stardust memories » n'est pas une œuvre réaliste, aussi, pour obtenir cette atmosphère artificielle qu'il désire, Woody Allen préfère utiliser des décors signés Steven Jordan.

La durée totale du tournage va finalement être de trente et une semaines, soit près de huit mois de travail ! Presque un record si l'on met de côté quelques super-productions hollywoodiennes à grand spectacle.

Bates-Allen multiplie les incursions dans la vie privée et professionnelle de l'auteur, donc de lui-même. On assiste ainsi à quelques brèves apparitions de Louise Lasser, Jack Rollins et à celles des critiques américains Howard Kissel et Judith Crist. Allen perfectionne encore le style du récit autobiographique, dans la ligne de *Annie Hall*. Comme chacune de ses œuvres, celle-ci est une nouvelle étape importante dans sa carrière.

Plus que l'étonnante évocation du Fellini de *Huit et demi*, plus que la beauté de la bande-son et l'orchestration majestueuse des complexes et névroses, plus que l'émotion et la sincérité du trait (« Nous vivons dans une société qui privilégie par trop la plaisanterie... Né Apache je serais sans travail ! »), on retiendra sans doute de ce film, production catharsis dont la forme évoque parfois les recherches picturales de Diane Ardus, l'intégrité du ton d'abord, l'originalité de l'exécution ensuite, une pléthore de répliques incisives toujours :

« Le pape est-il en ville ? Ou quelque tête d'affiche du show-business ? »

Comme nous venons de le dire, la photographie est en noir et blanc, après la réussite de ce procédé dans *Manhattan*. Le chef opérateur Gordon Willis est un maître aujourd'hui aux Etats-Unis. Il a débuté dans l'industrie cinématographique pendant la guerre de Corée, filmant des documents militaires. Démobilisé, il a éclairé des spots publicitaires pour la télévision puis a travaillé avec Aram Avakian en 1969 avant de collaborer avec Francis Ford Coppola, ce qui lui a valu un Oscar personnel à Hollywood pour la photographie du *Parrain*. Parmi ses autres films importants en tant que directeur de la photographie : *Bad Company, Klute, A cause d'un assassinat, Les Hommes du président, Le Souffle de la tempête* et, bien sûr, les films de Woody Allen ! (Plus récemment Gordon Willis a lui-même réalisé *Fenêtre sur New York,* un film d'atmosphère qui relate les expériences cauchemardesques d'une jeune femme introvertie, traquée et agressée à Brooklyn par un psychopathe inconnu.)

Tandis que la mort hante les rêves et les fantasmes de Sandy Bates, désespéré, en quête d'un amour idéalisé, Woody Allen fait la connaissance chez des amis communs de Mia Farrow, une actrice de trente-cinq ans que le monde entier a découvert grâce au film de Roman Polanski, *Rosemary baby,* en 1967. Si les femmes sont depuis toujours le moteur qui fait fonctionner Woody Allen, s'il est depuis toujours marqué par elles, depuis sa plus tendre enfance passée auprès des jupons de sa mère, de ses tantes et de sa sœur, Woody continue de porter un amour fou au sexe opposé. Ainsi ne résiste-t-il pas au charme de Mia, d'autant plus que cette rencontre se déroule à un moment où Diane Keaton et lui sont sur le point de rompre leur « relation affective ».

Durant les jours qui suivent, on voit beaucoup Woody et

Mia dans les pizzerias du quartier. Il n'en faut pas davantage pour qu'en cet automne 1980, toute la presse new-yorkais les fiance officiellement. Woody Allen ne dément pas mais fait tout de même remarquer :

« Si on ne peut plus manger une bonne pizza sans qu'on nous marie, où va le monde ! »

Née le 9 février 1945 à Los Angeles, Mia Farrow est la fille du réalisateur John Farrow et de l'actrice Maureen O'Sullivan, célèbre pour son rôle de Jane dans la série des *Tarzan*. Troisième d'une famille de sept enfants, elle a passé toute sa jeunesse à Hollywood mais a également beaucoup voyagé, en particulier à Madrid et Londres avant d'achever ses études à New York, à partir de 1962. C'est dans cette ville qu'elle a suivi des cours d'art dramatique, de danse et de musique dans le feuilleton télévisé Peyton Place. Deux ans plus tard, elle faisait ses débuts à l'écran. Deux ans après, elle devenait la femme de Frank Sinatra.

Divorcée du célèbre crooner en 1968, elle allait se marier avec le musicien André Previn, vivre auprès de lui dans le Surrey, à une quarantaine de kilomètres de Londres, et mettre au monde trois enfants : Matthew et Sacha (26 février 1970) puis Fletcher (14 mars 1974). Le couple allait d'ailleurs en adopter trois autres : Kym, Tara et Soon-Yi.

Après un second divorce, Mia se retrouve donc seule en cette année 1980. Seule si l'on peut dire puisqu'elle a tous ses enfants auprès d'elle. Quelques mois plus tard, elle emménage chez Woody Allen, débarquant avec toutes ses valises et ses six enfants.

Woody, qui depuis quelques années semblait avoir perdu une certaine joie de vivre tant à l'écran que dans la vie privée, va retrouver le bonheur. Il quitte sa peau de Juif neurasthénique et va bientôt revenir à l'observation amusée de ses contemporains :

« Avant Mia, je ne pouvais pas sentir les gosses. Mia m'a fait comprendre le plaisir qu'ils pouvaient vous apporter. Désormais ils seront les sujets de mes prochains films », affirme Woody au début de l'année 1981.

Stardust Memories sort à Paris pour les fêtes de fin d'année 1980. Nouvel enthousiasme des critiques qui saluent l'intelligence du montage, la profondeur du sujet, sous son apparente frivolité. Le public par contre « accroche » beaucoup moins que pour les œuvres précédentes d'Allen. Parce qu'il est trop proche de Fellini peut-être, après avoir été trop proche de Bergman...

Gilles Colpart écrit dans *La Saison cinématographique* :

« Woody Allen règle ses comptes avec l'intelligentsia et le *vulgus pecum parasiter* des arracheurs d'autographes, des quémandeuses d'orgasmes et autres cinéphiles nombriliques et suffisants dans leurs questions et réflexions idiotes. Ce rejet méprisant vient renforcer le narcissisme fondamental de l'auteur interprète. Et on en resterait à ce premier degré, si, évidemment, le talentueux Woody Allen ne traduisait pas là avant tout son habituelle psychose de l'agression, en accord avec la fragilité de son personnage malingre et vulnérable. Si *Stardust Memories* est autobiographique, c'est que, derrière l'inconfort de la célébrité, se tapit et veut se révéler l'homme simple, qui ne demande qu'à être admis comme tel et revendique le droit de traduire cette humanité dans ses films, sans être toujours étiqueté comme auteur comique. (Ceci dit, depuis *Intérieurs,* on avait parfaitement compris et admis le glissement opéré vers le drame et l'évocation poétique.) On ne refait pourtant pas sa nature et Woody Allen a trop d'humour pour asséner ses quatre vérités avec une gravité pesante. C'est le plus souvent par des détails dérisoires que s'expriment ses hantises essentielles : posters au mur, lavabos récalcitrants, pigeon intrus dans l'appartement sous les ailes duquel il voit des insignes nazis, sans compter bien sur les nombreuses agressions directes, non métaphysiques, issues de l'entourage humain de Sandy Bates... »

Un certain masochisme a régi *Annie Hall, Intérieurs, Manhattan* et aujourd'hui *Stardust Memories.* Ce masochisme assure l'unité et la cohésion du cinéaste. Comme on peut le lire dans l'encyclopédie *Le Cinéma* :

« Chez Allen, l'acteur ne fait plus qu'un avec l'homme privé. Il "faut" qu'il souffre de doutes torturants, il "faut" qu'il soit malheureux en amour pour que ses films (et sa vie) fonctionne. »

Au début d'*Annie Hall,* Alvy raconte la fameuse blague de

Groucho Marx, par laquelle il déclarait qu'il ne serait jamais membre du club assez peu regardant pour l'accepter dans ses rangs, plaisanterie tout à fait révélatrice du drame de Woody Allen : « J'ai besoin d'amour, dit Alvy, ma vie est vide sans amour, qu'il soit véritable ou pas. Mais comment pourrais-je faire confiance à une femme capable d'aimer quelqu'un comme moi ? »

Cette femme, il l'a cependant trouvée maintenant en la personne de Mia Farrow. Ce n'est plus Diane Keaton qui sera l'interprète des films de Woody mais Mia. Diane, quant à elle, reste et restera jusqu'à aujourd'hui du moins, la meilleure amie d'Allen :

« Je lui montre tous mes films et je lis dans ses yeux ce qu'elle en pense. C'est mon conseiller artistique. »

Sans doute parce qu'il est plus heureux, sans doute aussi parce qu'il doit consacrer davantage de temps à sa nouvelle et importante famille, Woody Allen va mettre plus d'un an à préparer et écrire son œuvre suivante qu'il intitule : *A midsummer night's sex comedy* et dont il crée un personnage spécialement pour Mia Farrow, sa compagne.

Le tournage se fait au printemps 1981, en juin très exactement, avec l'équipe habituelle toujours présente dans les films de Woody Allen, de Gordon Willis à Charles Joffé et Jack Rollins !

L'action se situe au cours de l'été 1905 alors qu'Adrian et Andrew courent après ce qui reste de leur amour et de leur sexualité dans leur agréable maison de campagne. Pendant tout un week-end, trois couples vont être réunis dans cette maison pour la célébration d'un mariage.

Les quelques heures qui précèdent la cérémonie seront l'occasion d'un chassé-croisé amoureux et burlesque : dans les bois et les prés, entre chien et loup, chacun cédera à ses fantasmes... Six personnages grisés de vin et de plaisirs revivront leurs souvenirs, échangeront des serments éternels, chercheront à tromper la mort qui guette l'un d'eux, fraîche et joyeuse, pour l'emmener danser avec les elfes au clair de lune...

Pour incarner ces six personnages, Woody Allen fait appel à José Ferrer, qui sera le professeur Leopold Sturgis, July Hagerty (Dulcy Ford), Mary Steenburgen (Adrian

Hobbs), Tony Roberts (Docteur Maxwell Jordan) et bien sûr Mia Farrow qui incarne Ariel Weymouth et Woody lui-même dans le rôle d'Andrew Hobbs.

Pour bien comprendre le film, il faut avant tout bien connaître les six personnages :

Andrew Hobbs est conseiller financier à Wall Street. Il consacre ses loisirs à la création de gadgets superflus : éplucheur de pommes, bicyclette volante, lanterne magique... Féru de spiritisme, il espère communiquer avec l'au-delà, à défaut de satisfaire sa charmante et trop chaste épouse, Adrian. Six mois d'abstinence ont ravivé en lui le souvenir lancinant de sa rencontre avec Ariel, la tendre nymphomane...

Ariel Weymouth est la fille d'un diplomate. Elevée dans une institution religieuse qui favorisa ses appétits démesurés, elle est une bacchante fragile, douce et légère comme le sylphe dont elle porte le nom. Après avoir connu des dizaines d'hommes (dont toute l'équipe des White Socks), elle espérait qu'Andrew l'arracherait à sa dissipation. Mais Andrew était trop timide. Aujourd'hui, elle n'aspire qu'à une vie rangée auprès du respectable Leopold...

Le cousin d'Adrian est le professeur Leopold Sturgis. Philosophe, auteur d'un ouvrage à succès sur le *Pragmatisme conceptuel*, critique d'art, politologue et pacifiste convaincu. Un insupportable raseur, capable de disserter avec la même fatuité, dans une douzaine de langues, des beautés de la chapelle Sixtine et du danger des chamoignons vénéneux... Matérialiste à tout crin, il réfute avec acharnement toute notion métaphysique et prétend ne croire qu'à l'ici-bas. Après un célibat prolongé, il s'apprête à épouser Ariel, mais n'est pas insensible à certaine lanterne magique, aux sortilèges de la pleine lune et aux charmes de la séduisante Dulcy...

Dulcy Ford est une infirmière très émancipée. Elle connaît à merveille les « mystères de l'organisme » et l'art de plaire à un homme, dont elle transmettra quelques notions à Adrian. Inlassable lectrice de bandes dessinées, elle est enjouée et sans préjugés, et est la dernière conquête du docteur Maxwell Jordan, son patron ; elle sera l'ultime tentation de Leopold.

Insatiable Don Juan, les prouesses et les multiples talents ont valu au docteur Maxwell Jordan une abondante clientèle féminine, pour le bonheur de laquelle il se dépense sans compter. Il professe volontiers que « le mariage sonne le glas de l'amour » et souhaite qu'Ariel s'épargne cette épreuve. Il ressent pour la première fois les affres de l'amour et se découvre un rival inattendu en la personne d'Andrew...

Adrian Hobbs est l'épouse migraineuse d'Andrew. Elle ne s'est jamais pardonné la folle nuit où elle céda à Maxwell, et depuis laquelle elle se croit frigide. Surmontant sa pudeur, elle sollicitera de Dulcy quelques conseils qui auront sur sa vie sexuelle un effet miraculeux.

Andrew retrouve donc en Ariel une jeune fille qu'il a autrefois courtisée. Maxwell succombe aux charmes de cette même Ariel. Adrian tente de sauver son union avec Andrew et pour cela se confie à Dulcy. Leopold est irrité et rendu jaloux par le comportement de sa fiancée. Quant à Ariel, elle prend conscience que le professeur est trop vieux pour elle et renonce à son mariage. Lorsque, la nuit suivante, Leopold meurt dans les bras de son infirmière après une folle nuit d'amour, le film ne se terminera pas en drame mais au contraire d'une manière très optimiste.

« Bergman est présent, même dans mes comédies les plus sottes, déclare Woody Allen. J'admire Bergman et sa technique, ses close-up sans le support d'aucun texte... »

Il était inutile qu'Allen fasse ces précisions pour que l'on pense immédiatement au réalisateur suédois et à son film *Sourires d'une nuit d'été* (1955), après la vision de cette *Comédie érotique*. En effet, si les farfadets du Shakespeare de *Songe d'une nuit d'été* sont toujours présents à travers l'œuvre sans jamais être montrés, si ce sont bien eux qui provoquent les rencontres des personnages, leur « mélange », leur mésentente et leur amour, c'est bel et bien l'érotisme de Bergman que l'on sent transparaître à travers toute l'œuvre. Un Bergman gai et heureux...

L'ennui que le spectateur ressentait à la vision de *Stardust Memories* est de nouveau ressenti ici car Woody Allen se répète, même si le cadre, le fond, l'ambiance, sont très différents. Comme l'écrit François Chevassu :

« Nous n'ignorons plus rien de ses blocages sexuels. Qu'il

en détaille les regrettables effets au long des inefficaces rencontres avec Adrian et Ariel ne change pas grand-chose à l'affaire. Si on n'avait jamais vu un film de Woody Allen, on trouverait sans doute celui-ci plein de charme. Reste à se consoler avec quelques inventions farfelues, vélo-avion ou précinéma, ou à se laisser aller dans l'air d'été auquel on sait ici donner quelque présence. Et puis, bien sûr, pour ceux qui ne s'en lassent pas, l'humour et les fantasmes de Woody Allen. »

Le succès de *Comédie érotique d'une nuit d'été* est plus important cependant en Europe qu'il ne l'a été aux Etats-Unis sur l'ensemble de sa carrière. Ce film n'est pas encore sorti en salles en France lorsque Woody commence le tournage, en octobre 1982, d'un long métrage provisoirement baptisé *Woody Allen film numéro 2*. L'interprète féminine en est Mia Farrow !

En fait, c'est dès le milieu de l'année 1980 dont bien avant la préparation de *Comédie érotique d'une nuit d'été* que Woody a commencé à travailler sur cet autre film. Appelons-le tout de suite *Zelig,* puisque tel sera son titre définitif.

« Durant toute cette période, je me suis consacré chaque jour à *Zelig* dira plus tard Woody, comme d'autres rentrés chez eux après une journée de labeur se consacrent à leur passe-temps favori. »

Autrement dit, Woody Allen travaille le jour sur *Comédie érotique d'une nuit d'été* et la nuit sur *Zelig*. Pendant des mois et des mois, il affine son histoire, il travaille le caractère de ses personnages.

Mais qu'est-ce que *Zelig* ? Ou plutôt qui est Zelig ? C'est en 1928 qu'apparaît pour la première fois Leonard Zelig dont la participation extraordinaire était de prendre l'apparence de ceux qu'il côtoyaient. Ainsi devenait-il écrivain lorsqu'il rencontrait Eugène O'Neill, boxeur au côté de Jack Dempsey, obèse face à un obèse, etc. La psychiatre Eudora Fletcher tenta de le traiter par hypnose et comprit très vite que Zelig avait en fait un immense besoin d'être aimé.

Mais Zelig devient une véritable attraction et sa sœur Ruth l'exhiba un peu partout dans le monde afin de faire fortune. Puis il revint auprès d'Eudora qui le guérit. Ils se fiancèrent mais Zelig fut alors assailli de demandes de reconnaissances de paternité. Les procès se multiplièrent : Zelig disparut !

Eudora le retrouva en Allemagne, alors en proie au nazisme. Ensemble, ils retraversèrent l'Atlantique en avion en un temps record et cet exploit leur valut d'être fêtés à leur arrivée à New York. Leonard Zelig vécut ensuite une vie sans histoires.

C'est donc son existence que Woody a décidé de raconter dans ce film. Mais une existence revue et corrigée par lui, donc à la fois dramatisée et rendue loufoque. Il présente lui-même son personnage :

« Zelig ou la saga de l'Homme-Caméléon...

« Né à l'ère du Moi, Leonard Zelig a le courage tranquille de n'être personne. Son corps instable, son esprit fluctuant sont le théâtre d'une révolution permanente. Une mystérieuse disposition lui permet de se fondre à tout instant dans son entourage : en présence d'un Noir, il noircit ; d'un Jaune, il jaunit...

« Zelig, c'est vous, c'est moi et tous les autres. A notre individualisme forcené et naïf, il oppose un conformisme sans réserve ; à notre pauvre ego, un inépuisable potentiel humain ; Zelig est un gigatesque papier-buvard sur lequel tout déteint, une éponge ambulante, un aspirateur existentiel...

« Dans la masse énorme des documents consacrés à l'Homme-Caméléon, j'ai extrait ce film construit à la manière d'un documentaire. Aux aventures tragi-comiques de Leonard Zelig, se mêlent des centaines de bandes d'actualités, faisant défiler des figures qui marquèrent, elles aussi, notre siècle : Hitler, Lindbergh, Scott Fitzgerald, Charlie Chaplin... Zelig est là, au milieu d'eux, et bien malin qui saura distinguer la fiction de la réalité.

« Voyez-le s'entretenir avec Eugene O'Neill (en cet instant, il est écrivain), se battre avec Jack Dempsey – le voici boxeur –, défier les as de la Luftwaffe, flirter avec Joséphine Baker, et deviser avec une assemblée de psychaitres médusés...

« Des années folles à l'avènement du nazisme, il aura tout

vu, tout vécu. Il aura joué tous les rôles que l'Histoire lui offrait, aura été tour à tour glorifié, haï et tourné en dérision. Cinquante ans plus tard, des membres distingués de l'intelligentsia new-yorkaise : Susan Sontag, Bruno Bettelheim, Saul Bellow, s'interrogent encore à son sujet. »

Zelig est le troisième film que Woody Allen tourne en noir et blanc. Ne l'aurait-il pas voulu cette fois, qu'il aurait tout de même été contraint par le scénario d'utiliser ce procédé. En effet, comme il vient de l'expliquer, le fait de replacer ce personnage de fiction dans d'authentiques bandes d'actualité de l'époque, est une performance technique, particulièrement difficile. C'est donc un véritable exploit que Gordon Willis a accompli car les pellicules noir et blanc des années vingt et trente possédaient une tonalité différente de celles d'aujourd'hui. Elles contenaient beaucoup plus de sel d'argent, ce qui transformait complètement le contraste de l'image. Willis a dû utiliser de nombreux « trucs » (un floconnage léger, des rayures verticales, de minuscules points blancs) afin de donner au long métrage une certaine patine susceptible de le faire passer pour une œuvre datant d'après la Première Guerre mondiale.

Ce travail méticuleux du technicien ajouté à celui tout aussi minutieux du scénariste et du réalisateur, le tout enrobé d'une excellente musique signée Dick Hyman, donne un exceptionnel résultat dont se réjouit la société de production et de distribution Warner.

Si Woody Allen incarne bien évidemment Leonard Zelig, Mia Farrow est tout à fait à l'aise dans le rôle du docteur Eudora Fletcher.

« Tourner sous la direction de Woody est un réel plaisir. Il a beaucoup d'attentions pour moi. »

Les critiques ne s'y trompent pas qui tous − presque sans exception − acclament le film lors de sa sortie américaine. En voici quelques exemples :

« Woody Allen est le plus brillant des comiques américains. *Zelig* est une œuvre de génie. Un film sans précédent dans l'histoire du cinéma. Diaboliquement vôtre. Le meilleur film que Woody Allen ait jamais réalisé. Une éblouissante démonstration d'habileté technique. Un merveilleux et stupéfiant exploit technique. Bravo Woody ! »

Rex REED, *New York Post*.

« Le *Citizen Kane* du pastiche cinématographique. Prodigieusement spirituel. Devant et derrière la caméra, s'est réalisé l'accord parfait qui a engendré un surprenant chef d'œuvre du faux. »

Andrew SARRIS, *Village Voice*.

« Avec *Zelig,* la première "docu-comédie", de l'histoire du cinéma, Woody Allen nous prouve une fois encore, de manière éblouissante, qu'il est l'esprit comique le plus subtil du septième art. *Zelig* est une comédie d'une audace diabolique, d'une insolence raffinée, une hilarante mystification. »

Dennis CUNNINGHAM, *WCBS-TV*.

« *Zelig* est le film le plus drôle que nous ayons vu cette année. Un festin comique pour cinéphiles affamés. Courez-y et gavez-vous. »

Stewart KLEIN, *WINTEW-TV*.

« *Zelig* est un miracle, un film totalement orginal, dont on se souviendra longtemps. Et comme toutes les meilleures œuvres de Woody Allen, c'est, finalement, une comédie de mœurs. »

Richard SCHICKEL, *Time*.

« Un brillant collage cinématographique. C'est de la magie pure. Un prodigieux tour de force technique, un film qui ne ressemble à aucun autre. Woody Allen est le plus intelligent de nos comiques et le plus comique de nos penseurs. »

Jack KROLL, *Newsweek*.

« Leonard Zelig est la création la plus brillante et la plus inspirée de Woody Allen ; le film qui lui est consacré est son chef-d'œuvre. Une mine d'humour, de sagesse et d'habileté

84

technique. C'est *Citizen Kane,* miraculeusement transformé en une désopilante comédie. Une merveille technique. Le triomphe de Woody Allen, le plus grand cinéaste américain d'aujourd'hui. »

Vincent CANBY, *New York Time.*

« C'est, avec *Annie Hall* et *Manhattan,* Woody Allen au meilleur de sa forme. Une parodie d'une perfection absolue. »

Joel SIEGEL, *ABC-TV.*

Zelig sort huit mois plus tard en France, obtenant un accueil identique de la part de la presse française. Pourtant le public va un peu bouder ce film, ne se sentant probablement pas assez concerné ni touché par l'histoire de l'« Homme-Caméléon ». A moins que la promotion n'ait pas été des meilleures, refroidissant une partie des spectateurs, plutôt que les encourageant à aller voir la nouvelle œuvre de Woody Allen.

VIII

Mia Farrow et Woody Allen dînent ensemble ce soir-là dans l'une des pizzerias qu'ils aiment fréquenter. Leur attention est attirée par une femme assez jolie mais agressivement maquillée. La blondeur de ses cheveux est très factice, leur décoloration trop violente. Quant à son visage aux yeux dissimulés derrière de grandes lunettes noires, il n'est éclairé que par une bouche aux lèvres violettes et des joues trop roses. Le tout rend cette femme très vulgaire et donne aussitôt l'idée à Mia de la prendre pour modèle dans son prochain film.

Woody écrit quelques notes sur la nappe en papier et dès le lendemain, transforme le personnage qu'il avait conçu pour Mia Farrow, dans sa nouvelle œuvre baptisée *Broadway Danny Rose*.

Mia est tout le contraire de cette femme dans la vie et c'est pourquoi elle va être particulièrement drôle derrière ses lunettes noires, avec cette coiffure bouclée d'un blond presque blanc.

Broadway Danny Rose est donc le troisième film que Woody et Mia tournent ensemble. Allen s'est attaqué à l'écriture de ce long métrage alors que se terminait tout juste les prises de vues de *Zelig*. Il tenait à traiter ce sujet qu'il avait en tête depuis plusieurs années : la vie d'un agent du show-business new-yorkais, juif, et malchanceux.

« Ce film est mon hommage aux merveilleux artistes de

cabaret avec lesquels j'ai débuté. Ces artistes n'atteignent jamais à la célébrité mais ils font tout le charme des spectacles de variétés. Ce sont tous de grands professionnels en butte aux difficultés du métier, et quelques-uns d'entre eux ont parfois la chance d'être pris en charge par un agent comme Danny Rose. »

Formé au music-hall, comme nous l'avons vu au début de cet ouvrage, Woody connaît bien ce dont il va parler dans ce film. Il a en effet fréquenté tous ces artistes, ces gagmen, ces comédiens sans gloire et aussi leurs agents. Il les admire toujours. Il les aime.

Le tournage commence dans une excellente ambiance, à New York, une très importante partie du film étant tournée en studio. L'entente entre Woody et Mia Farrow est tout à fait parfaite, après presque quatre ans de vie commune. Il a une grande tendresse pour elle, se montre attentionné, généreux, timide même.

« Dans le fond, Mia est solide comme un roc. Sur un tournage, elle est là, tranquille, dans son coin. Elle tricote. Elle est souvent entourée par ses sept enfants. Quand je dis "Moteur", elle pose son tricot et instantanément devient méchante, agressive ou sexy. La prise terminée, elle retrouve ses enfants et son tricot. C'est cela, à mes yeux, une véritable comédienne de talent. »

Mia, de son côté, reconnaît qu'elle doit beaucoup à Woody, tant sur le plan professionnel – même si sa carrière était largement commencée avant sa rencontre avec Woody – que sur le plan privé.

« Il m'a donné confiance en moi, en tant que comédienne. Pour notre premier film ensemble, *Comédie érotique d'une nuit d'été,* je me sentais une étrangère au milieu de son équipe qui est comme une grande famille. Je retrouvais l'atmosphère que j'avais connue à mes débuts, quand je jouais à Londres, dans la Royal Shakespeare Company. Pour le deuxième, *Zelig,* j'étais déjà plus à l'aise. Et pour le troisième, *Broadway Danny Rose,* je suis totalement en confiance. »

C'est indéniablement cette confiance réciproque, cette merveilleuse entente qui permet à Woody Allen de nous donner des films de qualité tout à fait exceptionnelle.

Danny Rose, interprété par Allen lui-même, est donc un petit impresario sans grande envergure mais plein de bonne volonté qui se démène et ne remue pas que du vent afin d'imposer ses poulains aux directeurs de cabaret, ou aux directeurs de casting. Malheureusement pour lui, s'il a la parole facile, s'il connait beaucoup de gens importants et s'il réussit à séduire, d'une certaine manière, il n'a par contre guère de talent pour découvrir les futures vedettes. Lorsque cela lui arrive avec Lou Canova, un crooner italo-américain au ventre rond, il va se laisser duper par cet homme après avoir répondu au moindre de ses caprices. C'est alors que Tina Vitale fait son apparition, s'attache à Danny, puis se montre très ingrate envers lui et pousse Lou Canova à changer d'impresario ! Danny n'a plus qu'à retourner à ses ringards habituels...

Pour interpréter ces divers personnages, Woody fait appel à Nick Appolo Forte, un chanteur et compositeur qui débute à l'écran ici. On connait peu — pour ne pas dire du tout — cet artiste en Europe, mais il a une importante carrière de chanteur de variétés derrière lui, aux États-Unis. Très à l'aise dans son rôle, Appolo Forte chante deux mélodies écrites par lui : « Agita » et « My bambina ».

Quant aux autres interprètes, ce sont tous des comédiens obscurs, très proches des rôles qu'Allen leur fait jouer. Certains d'entre eux, comme Milton Berle, interprètent leur propre personnage.

Enfin, signalons que Jack Rollins joue l'un des comiques que l'on voit attablés autour d'un verre au début du film. Ce n'est pas la première fois que Rollins apparaît ainsi dans l'une des œuvres de Woody Allen, qu'il co-produit avec Charles Joffé.

Comme pour *Zelig*, le succès auprès des professionnels ne se fait attendre et Woody Allen est acclamé une nouvelle fois. Comme pour *Zelig* le public américain puis européen boude un peu son plaisir, regrettant de plus en plus le Woody Allen de l'époque de *Tout sur le sexe*, *Guerre et Amour* ou *Annie Hall*.

Sorti à Paris au début du mois d'octobre 1984, *Broadway Danny Rose* (réalisé en noir et blanc) n'attirera pas même deux cent mille spectateurs durant son exclusivité dans la capitale.

A cette époque, Woody a déjà presque achevé le tournage de son nouveau long métrage...

The purple rose of Cairo est le dernier film d'Allen sorti en France à l'heure où nous mettons cet ouvrage sous presse. Présenté hors compétition au Festival de Cannes 1985 sous un titre français qui est la traduction littérale du titre américain : *La Rose pourpre du Caire,* il est acclamé par l'unanimité des spectateurs, professionnels ou non. Très attendu sur la Croisette, beaucoup se réjouissent que ce film ne figure pas dans la compétition officielle car alors les autres longs métrages du Festival n'auraient plus aucune chance de remporter la Palme d'Or. D'autres regrettent au contraire cette présentation « hors-course », étant donnée la médiocrité des œuvres présentées en 1985.

Poétique, drôle, ingénieux, sentimental, *La Rose pourpre du Caire* est une œuvre très différente de ce que l'on a l'habitude de voir sur un écran.

« Le charme de l'imaginaire, en opposition à la douleur de vivre, est un thème récurrent de mon travail. Je ne l'avais jamais perçu, et ce sont quelques critiques et amis qui me l'ont fait remarquer. *La Rose pourpre du Caire* en est en apparence la plus récente expression (il y eut avant, entre autres, *Tombe les filles et tais-toi, Zelig, Stardust Memories* et une nouvelle *The Kugelmass Episode*). Je crois que cette fois j'ai traité le thème d'une manière plus divertissante que je ne l'avais jamais fait. Et donc, si vous êtes d'accord, je ne vous l'imposerai plus. Merci. »

Film magique, *La Rose pourpre* raconte un épisode de la vie de Cecilia, une jeune femme qui vit dans une petite ville de province, au début des années trente, époque de la grande crise économique des Etats-Unis. Elle est serveuse dans un restaurant minable, mariée à Monk, un chômeur très satisfait de sa situation, qui préfère jouer et boire avec ses copains ou s'amuser avec les femmes faciles que de chercher un emploi. Le seul plaisir dans la vie de Cecilia c'est d'aller au cinéma et de se laisser séduire par les merveilleuses images des grandes comédies musicales de l'époque, ou des films sentimentaux. Cette semaine justement, le cinéma de la ville affiche *La Rose pourpre du Caire,* un film d'amour et d'aventures dont la vedette est Gil Shepherd, qui incarne un certain Tom Baxter, explorateur de retour à New York après une expédition archéologique en Egypte, où il recherchait la fameuse rose pourpre.

Cecilia a déjà vu le film quatre fois et en connaît les répliques par cœur. Durant son travail, elle ne peut s'empêcher de parler du film avec sa sœur qui travaille elle aussi dans le même restaurant. A cause de cela, perdue dans ses songes, elle casse plusieurs assiettes et se fait renvoyer. De retour à l'improviste chez elle, elle trouve son mari auprès d'une autre femme. Alors elle fait ses valises et part, sans but...

Où peut-elle aller, si ce n'est au cinéma pour voir une cinquième fois *La Rose pourpre du Caire* et son idole Gil Shepherd ? Et cette fois, au beau milieu du film, le personnage de Tom Baxter s'arrête de jouer, regarde Cecilia dans les yeux, lui dit qu'il voudrait la connaître et sort de l'écran, l'entraînant à son bras à la stupéfaction des autres spectateurs.

C'est aussitôt l'émeute dans le cinéma, les autres acteurs du film ne pouvant poursuivre leur interprétation sans Baxter et les spectateurs étant irrités de ne pas voir le spectacle pour lequel ils ont payé leur place. Le directeur de la salle téléphone au producteur hollywoodien et signale la disparition de Tom Baxter ! Prévenu, Gil Shepherd s'inquiète d'apprendre que le personnage qu'il a créé est ainsi parti dans la nature, ce qui risque de perturber sa carrière naissante.

Il n'a d'autre solution que de se précipiter dans la petite ville de province, pour essayer d'arranger les choses.

Pendant ce temps, Cecilia file le parfait amour avec Tom Baxter, qu'elle sait pourtant irréel. Elle rencontre par hasard Gil Shepherd bien réel celui-là, et tombe amoureuse de lui aussi. Les deux hommes ou plus exactement l'acteur et le personnage imaginaire qu'il a créé, demandent à Cecilia de rester auprès d'eux. Contrainte de choisir entre eux, elle préfère Gil Shepherd parce qu'il est bien vivant. Tom Baxter n'a plus qu'à retourner dans son film pour y reprendre son rôle afin que tout rentre dans l'ordre. Cecilia va récupérer chez elle sa valise, souhaitant partir définitivement au bras de Gil. Mais lorsqu'elle revient au cinéma, elle apprend que l'acteur est reparti pour Hollywood sans l'attendre. Elle comprend qu'elle a été trompée et que le seul but de Gil était de voir Tom Baxter réintégrer l'écran. En larmes, elle entre dans le cinéma et s'asseoit pour assister à la projection du nouveau film de la semaine : une comédie musicale avec Fred Astaire et Ginger Rogers...

A-t-elle rêvé ? A-t-elle connu un véritable amour avec un personnage imaginaire ? Le cinéma est-il susceptible de faire prendre les rêves pour une agréable réalité ? Sa magie va-t-elle plus loin que beaucoup ne se l'imaginent ? Telles sont les diverses questions que Woody Allen soulève, avec poésie et tendresse.

Si Mia Farrow trouve en Cecilia l'un des plus beaux rôles de sa carrière, elle a pour partenaires, dans ce film, sa sœur Stéphanie Farrow, qui interprète bien sûr la sœur de Cecilia. Mais surtout Jeff Daniels déjà remarqué dans *Ragtime* de Milos Forman, et *Tendres passions* de James Brooks. Daniels est surtout un comédien de théâtre qui a remporté de nombreux succès sur les scènes new-yorkaises (Woody Allen fait décidément très souvent appel aux vedettes de la scène !). Danny Aiello qui incarne le mari de Cecilia est lui aussi un acteur de théâtre et de télévision, interprète par ailleurs d'une dizaine de films dont *Le Policeman* et *Il était une fois l'Amérique*. On l'avait déjà vu aux côtés de Woody Allen dans *Le Prête-nom*.

Enorme succès à travers le monde, après avoir obtenu les merveilleuses critiques que l'on sait, *La Rose pourpre du Caire* est avant tout un film pour tous les amoureux du septième art. Un hommage à ceux qui aiment la magie du cinéma.

Et nous sommes nombreux.

Merci Monsieur Woody Allen de continuer de nous faire rêver ainsi...

IX

QUELQUES PENSÉES...

Il se rappelait, alors qu'il était enfant, avoir surpris la femme de ménage de ses parents, une fille aux mœurs relâchées, en train d'embrasser une boîte de cresson, ce qu'il trouvait érotique. Plus tard, adolescent, il avait été puni pour avoir verni la tête de son petit frère, parce que son père, peintre en bâtiment professionnel, lui reprochait de n'avoir passé qu'une seule couche sur le gamin.

Mon esprit ne pourra jamais connaître mon corps, à moins d'avoir déjà fait la connaissance de mes jambes.

Je n'oublierai jamais ma réaction à cette lumineuse observation de Kierkegaard : « Tel rapport qui se rapporte à son propre rapport (c'est le cas de le dire) doit ou bien s'être constitué lui-même ou bien avoir été constitué par autre chose. » Ce concept me mit les larmes aux yeux. Ma parole, pensai-je, quelle habileté !... Bien sûr, ce passage m'était rigoureusement incompréhensible, mais qu'est-ce que ça pouvait faire si Kierkegaard avait passé un bon moment !

Le moral des hommes semble se maintenir en dépit de quelque fléchissement mineur. Tout d'abord, Miquel vola plusieurs missiles sol-sol mais les confondit avec des missiles sol-air et quand il essaya d'abattre les avions d'Arroyo, il réduisit en poussière tous nos camions. *(Bananas.)*

93

Non seulement Dieu n'existe pas, mais essayez d'avoir un plombier pendant le week-end !

La vie d'un sandwich :

1741. Le comte de Sandwich, vivant à la campagne sur un petit héritage, travaille jour et nuit, économisant souvent sur les repas pour acheter de la nourriture. Sa première œuvre achevée — une tranche de pain, une tranche de pain par-dessus et une tranche de dinde couronnant le tout — échoue lamentablement. Amèrement désappointé, il retourne à son laboratoire et repart à zéro.

1745. Après quelques années de labeur frénétique, il a la conviction de frôler le succès. Il présente à l'approbation de ses pairs deux tranches de dinde avec une tranche de pain au milieu. Son ouvrage est rejeté par tous, sauf David Hume, qui prévoit l'imminence de quelque chose de grandiose et l'encourage. Galvanisé par l'amitié du grand philosophe, il retourne à ses expériences avec une vigueur nouvelle...

Pouvons-nous actuellement connaître l'univers ? Mon Dieu, c'est déjà suffisamment difficile de trouver son chemin dans Greenwich Village !

Comment lutter contre le crime organisé :

1° Faire savoir aux criminels que vous n'êtes pas chez vous.

2° Appeler la police chaque fois qu'un nombre inhabituel d'employés de la Compagnie Sicilienne de Blanchissage commence à chanter dans votre vestibule.

3° L'enregistrement magnétique (il ne doit pas être utilisé sans discernement mais son efficacité sera illustré ici par la transcription d'un dialogue entre deux chefs de gang de la région de New York dont les téléphones étaient surveillés par le F.B.I.) :

Anthony : Allo, Rico ?
Rico : Allo ?
Anthony : Rico ?
Rico : Allo ?

Anthony : Rico ?
Rico : Je ne vous entends pas.
Anthony : C'est toi Rico ? Je ne t'entends pas.
Rico : Quoi ?
Anthony : Est-ce que tu m'entends ?
Rico : Allo ?
Anthony : Rico ?
Rico : La ligne est mauvaise.
Anthony : Est-ce que tu m'entends ?
Rico : Allo ?
Anthony : Rico ?
Rico : Allo ?
Anthony : Mademoiseille, la ligne est mauvaise.
L'opératrice : Raccrochez et refaites le numéro, monsieur.
Rico : Allo ?

A cause de cette preuve irréfutable, Anthony Rotunno et Rico Ponzini furent condamnés et purgent actuellement quinze ans à Sing Sing pour possession illégale d'alcool de menthe.

Si vous voulez me voir au sommet de ma forme comique, essayez de me joindre la veille de mon exécution. *(Guerre et Amour.)*

Dieu est mort !
– Il était à la Sécurité sociale ? »

La mort ne donne pas soif, à moins qu'on ne se fasse descendre après avoir mangé du hareng.

Quelle est donc la fonction du critique ? Elle est précisément d'interpréter l'image audio-visuelle électronique et de fragmenter son impression individuelle dans un contexte de subjectivité sélective. Il peut y parvenir soit debout, soit dans la position assise, et certains des meilleurs passent le plus clair de leur temps dans des chambres d'hôtel avec des dames auxquelles ils ne sont pas mariés. Il doit aussi informer le public de toute nouvelle dimension artistique et, bien sûr, dans la limite du possible, lui montrer l'emplacement des sorties de secours. Cela est particulièrement vrai pour le film comique, lequel est particulièrement orienté vers l'audio-visuel dans une juxtaposition totalement anti-McLuhanienne de facteurs relatifs que, par exemple, ma mère. Le rire, demeurant subconscient dans son royaume manifeste (ou, ainsi que l'établit Freud, quand il sort de la bouche) se produit mieux lorsque s'est produit quelque chose de drôle. C'est pourquoi la mort d'un ami provoque rarement l'hilarité, alors qu'un chapeau ridicule y parvient.

Bien que je ne croie pas à une vie future, j'emporterai quand même des sous-vêtements de rechange.

Les méchants ont sûrement compris quelque chose que les bons ignorent.

Quoi ? M'enlever mon cerveau ? Jamais ! C'est mon deuxième organe préféré...

« Dans ma famille, le plus grand péché consistait à se montrer grossier avec les domestiques.
– Dans la mienne, le plus grand péché c'était d'acheter au comptant. »

Je me soucie peu d'appartenir à un corps qui m'accepte comme membre.

Ils en avaient du courage, ces résistants français : être obligé de se taper du Maurice Chevalier à longueur de journée... *(Annie Hall.)*

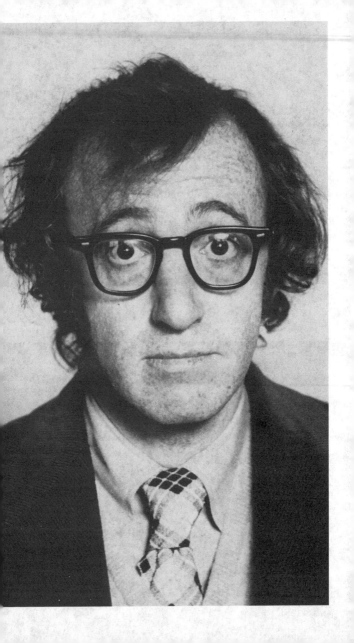

Quoi de neuf Pussycat ?

Tombe les filles et tais-toi.

Tombe les filles et tais-toi.

Prends l'oseille et tire-toi.

Prends l'oseille et tire-toi.

Bananas.

Bananas.

Tout ce que vous avez toujours voulu savoir sur le sexe...

Tout ce que vous avez toujours voulu savoir sur le sexe...

Woody et les Robots.

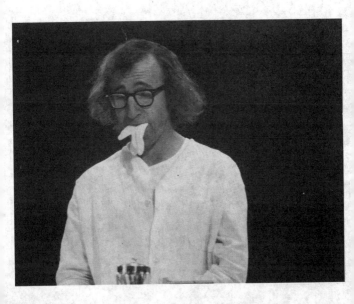

Guerre et Amour.

Le Prête-nom.

Le Prête-nom.

Annie Hall.

Annie Hall.

Manhattan.

Manhattan.

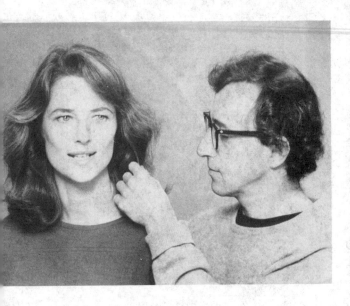

Stardust Memories.

Stardust Memories.

Stardust Memories.

Comédie érotique d'une nuit d'été.

Zelig.

Zelig.

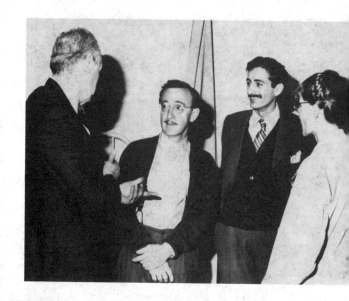

Zelig.

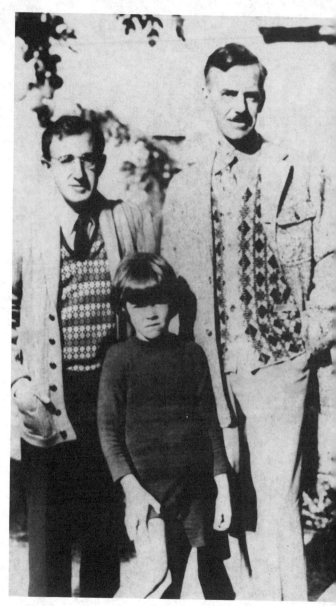

Zelig.

Broadway Danny Rose.

Broadway Danny Rose.

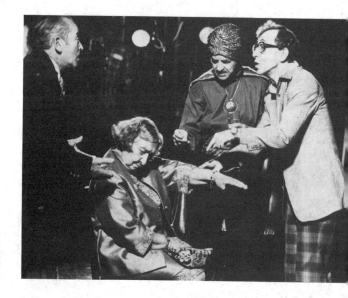

Woody réalisateur. « Intérieurs ».

La Rose pourpre du Caire.

La Rose pourpre du Caire.

La Rose pourpre du Caire.

X

FILMOGRAPHIE COMPLÈTE

En tant qu'interprète, Woody Allen a tourné seize longs métrages. Il est le réalisateur de treize d'entre eux et le scénariste de trois autres. Dans un seul film, *Le Prête-nom,* il est uniquement acteur.

Par ailleurs, Woody Allen a écrit le scénario et a assuré la mise en scène de deux autres films *Intérieurs* et *La Rose pourpre du Caire,* dans lesquels il n'apparaissait pas.

Ce sont ces dix-huit films que nous vous présentons en détail dans les pages suivantes.

* A l'heure où nous mettons sous-presse cette monographie, Woody Allen achève le tournage d'un nouvel long métrage, *Hannah et ses sœurs,* avec Michaël Caine, Mia Farrow et Maureen O'Sullivan.

1965 : **QUOI DE NEUF PUSSYCAT ?**
(What's new Pussycat ?)

Réalisateur : Clive Donner.

Fiche technique :

Scénario : Woody Allen.
Directeur de la photographie : Jean Badal.
Musique : Burt Bacharach.
Chansons : Hal David, interprétées par Tom Jones, Dionne Warwick et Manfred Mann.
Chorégraphie : Jean Guélis.
Décors : Jacques Saulnier.
Son : William Sivel et Antoine Petitjean.
Costumes : Gladys de Segonzac.
Directeur de production : Henri Jaquillard.
Production : Charles K. Feldman.
Distribution : Artistes Associés.
Durée 1 h 48. – En couleurs.
Sortie à Paris le 28 janvier 1966.

Fiche artistique :

Peter Sellers (Docteur Fritz Fassbender), Peter O'Toole (Michael James), Romy Schneider (Carole Werner), Capucine (Renée Lefebvre), Paula Prentiss (Liz), **Woody Allen** (Victor), Ursula Andress (Rita), Howard Vernon (docteur), Erda Gal (Anna Fassbender), Jess Hahn (M. Werner), Eleanor Hirt (Mme Werner), Catherine

98

Schaake (Jacqueline), Jean Parédès (Marcel), Michel Subor (Philippe), Nicole Karen (Tempest O'Brien), Jacques Balutin (Etienne), Annette Poivre (Emma), Sabine Sun (l'infirmière), Barbara Sommers (Miss Marx), Tanya Lopert (Miss Lewis), Daniel Emilfork (le pompiste), Robert Rollis (le loueur de voitures), Françoise Hardy (secrétaire de mairie), Richard Saint-Bris (le maire), Douking (le concierge de Renée), Jacqueline Fogt (Charlotte), Colin Drake (Durell), Gordon Felio (l'obèse), Marion Conrad (une strip-teaseuse), Maggie Wright (l'autre strip-teaseuse), Norbert Terry (Kelly), Louise Lasser (cliente de Fassbender), Louis Flavignia (Jean), Jack de Lassartesse (Big John), Marcel Gassouk (sosie de Gauguin), Marc Arlan (sosie de Zola), Jean-Yves Autrey, Nadine Papin, Pascal Wolf (les enfants de Fassbender), et Richard Burton (apparition non créditée).

Résumé du scénario :

Michael James, un homme très séduisant, est le rédacteur en chef d'une importante revue de mode parisienne. Il est fiancé à Carol Werner, elle-même professeur de langues à l'école Berlitz. Cela ne l'empêche pas de se laisser régulièrement troubler par toutes les femmes qu'il rencontre durant ses activités professionnelles. Malgré lui, il ne peut s'empêcher d'être attiré car elles sont désirables ! Michael va consulter le docteur Fritz Fassbender qui est son confident et auquel il demande conseil après avoir raconté de nombreuses aventures, de nombreux fantasmes. Mais Fassbender, affligé d'un complexe de frustration, ne peut l'aider. Il est lui-même marié à Anna, une furie jalouse et stupide.

Carol voudrait se marier mais Michael ne se sent décidément pas prêt pour se passer la corde au cou. L'un de ses amis, Victor Shakopopolis, est épris de Carol, laquelle reste pourtant fidèle à Michael. Mais pour attiser la jalousie de l'homme, elle fait mine de se laisser séduire par ce Victor, bohème maladroit et timide. Ce qu'elle espérait se produit : Michael revient vers elle... Comme les parents de Carol annoncent leur visite, Michael passe la soirée auprès de la jeune femme et de ses futurs beaux-parents et devant eux lui demande sa main. Incorrigible, cela ne l'empêche pas, peu de temps après, de reprendre ses aventures ! Il passe un week-end dans un château bien connu pour ses rendez-vous galants avec Rita, une jolie parachutiste. Puis il rencontre Liz, une ravissante strip-teaseuse en allant voir Victor. Grâce à Fassbender, il fait ensuite la connaissance de Renée, une patiente nymphomane. Furieuse, Carol se précipite au château où, après de nombreuses péripéties, elle parvient à remettre la main sur Michael. Tous deux s'échappent ensemble, se jurent fidélité et décident de se marier. Fritz Fassbender sera leur témoin...

Le jour de la cérémonie, Carol désespérée remarque que Michael ne peut s'empêcher de faire un clin d'œil à la jolie secrétaire de mairie.

Quelques critiques :

« Un film aussi charmant que marrant, ce qui est rare de nos jours, hein ? Et puis un nouveau réalisateur, encore inconnu ici mais plus pour longtemps, un scénariste-acteur aussi drôle que son histoire, sinon plus... »

Pierre PRÉVERT.

« Clive Donner vous met joyeusement en boîte toute cette « boutiquaillerie » dans un vaudeville à la française (l'érotisme embourgeoisé étant surtout parisien) où, dans un mécanisme à la Feydeau (personnages fortement originaux et convergence maximale des hasards), il réunit, pour mieux les moquer, les différents mythes actuels. »

Jean-Louis BORY.

1964/1966 : **LA TIGRESSE**
(What's up, tiger Lily ?)

Réalisateur : Senkichi Tanigzuchi.
Avec des séquences additionnelles de : Woody Allen.

Fiche technique :

Scénario : Version d'origine : Kazuo Yamada.
Version américaine : Woody Allen, Frank Buxton, Len Maxwell, Louise Lasser, Mickey Rose, Bryna Wilson, Julie Bennett.
Directeur de la photographie : Kazuo Yamada.
Musique : The Lovin' Spoonfuls et Jack Lewis.
Chansons : John Sebastien, Joe Butler, Steve Boone, Skip Boone, Zalman Yanovisky.
Son : Glen Glen Sound.
Directeur de production : Jerry Goldstein.
Production : American International Pictures.
Distribution : Shelltrie Distribution.
Durée 1 h 34 (réduite à 1 h 20). – En couleurs.
Sortie à Paris le 29 octobre 1980, sous le titre *Woody Allen number one*.

Fiche artistique :

Woody Allen (le narrateur-présentateur), Tatsuya Mihashi (Phil Moskowitz), Mie Hama (Terrie Yaki), Susumu Kurobe (Wing Fat), Akiko Wakabayashi (Suki Yaki), Tadao Nakamaru (Shepherd Wung), avec la participation des Lovin' Spoonfuls, Kumi Misumo, la playmate Shina Lee.

Résumé du scénario :

Nous sommes au Japon. Une femme va être coupée en deux par une scie électrique mais la police dirigée par Phil Moskowitz parvient à la délivrer à temps après avoir anéanti les méchants...

Woody Allen et un acolyte apparaissent alors et expliquent au spectateur qu'il vient d'assister à un extrait d'une super-production japonaise dont la bande-son originale a été intégralement refaite.

On retrouve Moskowitz au volant de sa voiture dans laquelle une jeune femme monte précipitamment. Elle vient de s'évader de prison et cherche refuge auprès de Phil. Chez lui, alors que son invitée prend un bain, Phil est agressé par deux hommes... On le retrouve immédiatement après en

101

Inde où il est embauché par un radjah pour retrouver la recette d'une salade d'œufs durs. Pour qu'il puisse atteindre sa mission, deux assistantes lui sont adjointes : Terrie et Suki. A Yokohama, Terrie et Phil sont ensuite enlevés par les hommes de Wing Fat, le rival de Wung, propriétaire d'un tripot clandestin installé à bord d'un cargo sur lequel les policiers sont persuadés que se trouve la fameuse recette. Après avoir voulu le torturer, Fat accepte de s'associer avec Phil.

Plus tard encore, Phil, Fat et Terrie se font passer pour des employés du port chargés de la fumigation du navire. Masqué, Phil s'élance pour délivrer Suki avant qu'elle n'ait respiré trop de gaz. Sauvée, la jeune femme spécialiste des casses ouvre le triple coffre de Wung faisant apparaître une bande d'ordinateur codée. Mais avant qu'elle ne s'en empare, les hommes de Wung investissent le cargo. Phil et ses compères réussissent néanmoins à s'échapper, se retrouvent emprisonnés dans le sous-sol du bar de Fat où ils sont laissés à la merci d'un cobra. Ayant plus d'un tour dans son sac, Phil tue le reptile, fait de même avec le propriétaire, tandis que sur le navire de Wung où a lieu la transaction, Fat constate désappointé qu'il a été payé en faux billets et qu'il n'a plus aucune chance de récupérer l'argent puisqu'il a tué lui-même Wung. Phil surgit, abat Fat et ses acolytes et repart vers de nouvelles aventures laissant seules et déçues Terrie et Suki.

Quelques critiques :

« Je crois bien qu'il n'y a rien eu de pareil depuis les Marx-Brothers. »

Andrew SARRIS.

« L'un des dix films les plus japonais de l'année. »

Une association estudiantine.

« Le bouffon M. Allen a écrit des dialogues parfaitement incongrus pour accompagner une histoire d'espionnage japonaise de 1964, magnifiquement photographiée, qui, sans cet apport, n'aurait pas eu la moindre chance de faire carrière aux Etats-Unis. La juxtaposition du film original et d'une nouvelle bande sonore a souvent été pratiquée auparavant, mais celle-ci est complètement démente. »

Steven SHEUER.

« Le résultat est décevant autant que le furent en France les tentatives situationnistes de détournements de films. Et il ne peut en être autrement dans la mesure où l'auteur du détournement n'a pas véritablement les coudées franches et demeure astreint à respecter malgré tout la structure narrative du matériau originel, aussi médiocre puisse-t-il être. Et en définitive, le sens nouveau ainsi donné à l'œuvre n'est jamais guère éloigné du premier. »

Alain GAREL, *La Saison cinématographique 1981.*

1967 : **CASINO ROYALE**
     (Casino Royale)

Réalisateurs : John Huston, Ken Hughes, Val Guest, Robert Parrish, Joe McGrath.

Fiche technique :

Scénario : Wolf Mankovitz, John Law, Michael Sayers, Woody Allen.
D'après le roman de : Ian Fleming.
Directeurs de la photographie : Jack Hildyard, John Wilcox, Nicolas Roeg.
Musique : Burt Bacharach, Herb Alpert et le Tijuana Brass Band.
Décors : John Howell, Ivor Beddoes et Lionel Couch.
Chorégraphie : Tutte Lemkow.
Directeurs de production : Jerry Bresler et John Dark.
Production : Charles K. Feldman.
Distribution : Columbia.

Durée 2 heures. — En couleurs.
Sortie à Paris le 22 décembre 1967.

Fiche artistique :

Peter Sellers (Evelyn Tremble), Ursula Andress (Vesper Lynd), David Niven (Sir James Bond), Orson Welles (Le Chiffre), Joanna Pettet (Mata Bond), Dahlia Lavi (la brune), **Woody Allen** (Jimmy Bond), William Holden (Ransome), Charles Boyer (le Grand), John Huston (MacTarry), Kurt Kasznar (Smernov), George Raft (lui-même), Jean-Paul Belmondo (un parachutiste), Barbara Bouchet (Money Penny), Deborah Kerr (agent Mini), et Terence Cooper, Angela Scoular, Gabrielle Licudi, Tracey Crisp, Jacqueline Bisset, Anna Quayle, Drek Nimmo, Duncan MacRae, Graham Stark, Alexandra Bastedo, Peter O'Toole, Stirling Moss, Geoffroy Baydon, Vladek Sheybal, Chic Murray.

Résumé du scénario :

Les quatre chefs des services secrets des grandes puissances viennent supplier Sir James Bond d'accomplir une ultime mission.

Ce n'est pas du goût de James Bond, un homme vieilli qui coule de paisibles jours dans sa retraite d'Ecosse en maudissant l'usurpateur qui, en son nom, déshonore le sacerdoce d'agent secret. A bout d'arguments, les envoyés font sauter le château de James Bond. Le voici à nouveau dans la vie d'aventures.

Sur la piste du mystérieux malfaiteur qui menace l'humanité, James Bond doit s'adjoindre les services de plusieurs ravissantes espionnes. Il délègue aussi ses pouvoirs à un joueur professionnel chargé de ruiner Le Chiffre, et pour mieux l'abattre, il a recours à sa fille Mata Bond, fruit d'un amour ancien avec Mata-Hari. Poursuites et explosions aboutissent à une brèche dans le mur de Berlin...

Il ne reste plus qu'à démasquer le chef de l'organisation ennemie. A la surprise générale, on découvre que c'est Jimmy Bond, un rachitique descendant de James Bond. Son plan diabolique consiste à tuer les hommes qui dépassent

1,60 m et de rendre toutes les femmes plus ravissantes que la plus ravissante Miss Univers.

Au cours d'une poursuite folle, tous les agents secrets se retrouvent dans la salle de jeu du « Casino royale ». Mais le méchant a avalé une pilule atomique. L'explosion met fin à toutes les aventures, alors que les bons s'acheminent vers le paradis et le méchant vers l'enfer.

Quelques critiques :

« L'humour est à couper au couteau, tant son épaisseur le rend impénétrable. »

Henry CHAPIER, *Combat.*

« Cette super-production ne se prend nullement au sérieux. C'est une parodie assez folle du film d'espionnage versant dans le burlesque le plus complet. Le scénario est incompréhensible. Tout est prétexte à effets et aux gags les plus « hénaurmes ». Les gadgets sont impressionnants comme toujours. Des dialogues à la Marx Brothers et une pléiade d'acteurs. »

Les Fiches de « Monsieur Cinéma ».

« *Casino Royale* est une démolition du film d'espionnage par le pastiche et le burlesque... Quand on admet le parti pris de pastiche, tout est permis. A partir d'un scénario incompréhensible, les auteurs rivalisent d'effets énormes, de gadgets insensés. Les gags abondent, bons et mauvais, parfois même excellents comme la savoureuse évocation du mur de Berlin avec une utilisation satirique de la couleur. Le meilleur moment du film est un emprunt à l'histoire du cinéma : une espionne exotique arrive à Berlin, elle se retrouve bientôt dans le décor expressionniste de Caligari. Elle traverse cet univers de cauchemar avec un humour uniquement réservé aux connaisseurs...

« Acteurs et auteurs se sont certainement beaucoup amusés en tournant ce film un peu fou mais l'ensemble reste trop hybride pour être une réussite. Trop de longueurs et trop d'inégalités dans la valeur des gags nuisent au plaisir qu'on aurait pu prendre à un pastiche qu'il fallait faire. »

Raymond LEFEVRE, *La Saison cinématographique 1968.*

« Le film est un véritable feu d'artifice de morceaux de bravoure reliés souvent hâtivement les uns aux autres. »

André MOREAU, *Télérama.*

1969 : **PRENDS L'OSEILLE ET TIRE-TOI**
(Take the money and run)

Réalisateur : Woody Allen.

Fiche technique :

Scénario : Woody Allen et Mickey Rose.
Directeur de la photographie : Lester Shorr.
Musique : John Strauss, Sanford Rackow et Marvin Hamlish.
Décors : Marvin March.
Son : John Strauss et Bud Alper.
Costumes : Erik Hjemvik.
Directeur de production : Sidney Glazier.
Production : Charles Joffé pour ABC Pictures.
Distribution : Artistes Associés.
Durée 1 h 25. – En couleurs.
Sortie à Paris le 9 juin 1972.

Fiche artistique :

Woody Allen (Virgil Starkwell), Janet Margolin (Louise), Marcel Hillaire (Fritz), Jacquelyn Hyde (Miss Bleire), Jan Marlin (Al), Lonny Chapman (Jake), James Anderson (Gardien du bagne), Mark Gordon (Vince), Howard Storm (Fred) et Grace Bauer, Micil Murphy, Nate Jacobson, Don Frazier, Henry Leff, Minnow Moskowitz et Jackson Beck.

106

Résumé du scénario :

Virgil Starkwell, un garçon chétif, a toujours été complexé, même durant son enfance. Il était un enfant pauvre et portait des lunettes. Ce qui ne l'empêchait pas d'être surdoué, surtout pour faire du mal à ses camarades. Ainsi, il n'hésitait pas à cambrioler les distributeurs automatiques de bonbons et de chewing-gums ou à profiter de la stupidité de certains autres garçons.

Devenu adolescent, il attaque un fourgon blindé alors qu'il a tout juste dix-huit ans, ce qui lui rapporte... quelques mois de prison !

Comme il ne se sent pas à l'aise entre quatre murs et derrière cinq barreaux, il décide de s'évader. Il fabrique pour cela un revolver dans un morceau de savon, le teint, puis entreprend de menacer le gardien de sa cellule. Malheureusement, ce jour-là il pleut et le revolver fond en faisant des bulles !

Libéré sur parole, Virgil croit enfin connaître l'amour en découvrant Louise, la femme de sa vie. Par passion pour elle, il décide de ne plus être un criminel. Il veut néanmoins réussir un dernier gros coup avant de se retirer des affaires : le hold-up d'une banque. Malheureusement il écrit très mal et lorsqu'il se présente au guichet un revolver au poing et un mot sur lequel il demande l'argent au caissier, sa mauvaise écriture va l'empêcher de récolter la somme espérée. Il se retrouve une nouvelle fois au pénitencier puis au bagne.

Bien qu'il soit enchaîné à cinq autres truands, il réussit à s'évader non sans peine. Il retrouvera Louise qui est devenue sa femme et reprendra avec elle son existence d'homme traqué perpétuellement par la police. Décidément, le crime ne paie pas pour Virgil Starkwell.

Quelques critiques :

« Une farce prodigieusement drôle qui est la version moderne d'un thème biblique : l'humble possédera le monde...

« Prenez le temps d'assister à cette fête du rire. »

Steven SCHEUER.

« Les références à quelques classiques du cinéma noir tombent à plat par manque de rigueur ou obscurité. Le film que Groucho aime beaucoup tourne rapidement à l'anodin... »

Michel Grisolia, *Le Nouvel Observateur.*

1971 : **BANANAS**
(Bananas)

Réalisateur : Woody Allen.

Fiche technique :

Scénario : Woody Allen et Mickey Rose.
Directeur de la photographie : Andrew M. Costikyan.
Musique : Marvin Hamlisch.
Chansons : Yomo Toro Trio et Jack Holmes.
Décors : Ed Wittstein.
Son : Nathan Borker et J. S. Sabat.
Costumes : Erik Hjemvik.
Directeur de production : Jack Grossberg.
Production : Jack Rollins et Charles H. Joffé.
Distribution : Artistes Associés.
Durée 1 h 22. – En couleurs.
Sortie à Paris en mai 1972.

Fiche artistique :

Woody Allen (Fielding Mellish), Louise Lasser (Nancy), Carlos Montalban (Général Vargas), Natividad Abascal (Yolanda), Jacobo Morales (Esposito), Howard Cosell (lui-même), Miguel Suarez (Luis), Roger Grimsby (luimême), Charlotte Ray (Mrs. Mellish), Stanley Ackerman (Docteur Mellish), Jack Axelrod, Dan Frazier, Axel Anderson, Baron de Beer, John Braden, Ted Chapman, Conrad Bain, Robert O'Connell, Ed Crowley, Ollen Garfield.

Résumé du scénario :

A San Marcos, un petit pays d'Amérique du Sud, une junte militaire prend le pouvoir et fait aussitôt après ce coup d'état la chasse aux révolutionnaires. Tandis que des intellectuels font circuler des pétitions pour soutenir la junte, des Américains essaient d'aider les victimes. Parmi ceux-là se trouve Fielding Mellish qui fait la connaissance d'une jeune militante et signe avec elle un appel au calme. Son air évaporé semble le rendre peu dangereux mais ayant adopté les idées révolutionnaires pour l'amour de cette jeune fille, Mellish se met à travailler avec ces hommes inconnus pour les aider à reconquérir le pouvoir. A son retour aux Etats-Unis, cela lui vaut pas mal de problèmes car il est inculpé et jugé pour « activités anti-américaines ». Il sera finalement acquitté et deviendra célèbre en épousant la jeune militante. Si célèbre que la télévision retransmettra en direct la nuit de noces du couple !

Quelques critiques :

« Mise en scène confuse et prétentieuse qui désamorçait en vérité les trouvailles les plus cocasses... N'est pas Jerry Lewis qui veut. »

Frédéric VITOUX, Positif.

« Malgré certaines faiblesses, le film amuse par le contraste entre la personnalité et les aspirations du héros maladroit (petit, maigrelet, myope, rouquin tiraillé entre les ambitions de Superman et la décevante réalité quotidienne), mais aussi grâce aux dialogues burlesques, dignes de l'humour explosif des Marx, et aux trouvailles visuelles que n'auraient pas renié les comiques de l'âge d'or du muet.

« Grouillante de personnages, l'affiche illustre bien l'ambiance fort remuante du film. Fusil dans une main, banane épluchée dans l'autre, Woody Allen guerillero éberlué et dépenaillé, se détache de la foule déchaînée, encadré par une brune énamourée et par la blonde Nancy, sa contestataire bien-aimée. »

Le Cinéma, Editions Atlas.

« Dans *Bananas,* la verve, la férocité et l'humour caustique de Woody Allen s'exercent contre différents aspects de la vie contemporaine : dictateurs militaires, sagas guerillerottes, intrigues internationales, automatisme forcené et fantaisies sexuelles. »

Frédéric VALMONT.

« Le point délicat, dans le rire, est toujours de ménager un équilibre entre l'humain et le mécanique. En cela aussi notre Woody-Fielding est une réussite : nerveux jusqu'à la frénésie, psychologiquement torturé (et en cela personne moderne), distrait, imprévisible, amoureux enfin, il traverse sans désemparer une série de situations aussi folles et saugrenues les unes que les autres. »

Gérard LENNE, *Télérama.*

1972 : **TOMBE LES FILLES ET TAIS-TOI**
   (Play it again, Sam)

Réalisateur : Herbert Ross.

Fiche technique :

Scénario : Woody Allen.
D'après sa propre pièce.
Directeur de la photographie : Owen Roizman.
Musique : Billy Goldenberg.
Chanson composée et interprétée par : Oscar Petersen.
Décors : Doug Von Koss.
Son : Richard Pietschmann et David Dockendorf.
Costumes : Anna Hill-Johnstone.
Directeur de production : Charles Joffé.
Production : Arthur T. Jacobs.
Distribution : Artistes Associés.
Durée 1 h 27. – En couleurs.
Sortie à Paris le 3 décembre 1972.

110

Fiche artistique :

Woody Allen (Allan Félix), Diane Keaton (Linda), Tony Roberts (Dick), Jerry Lacy (Humphrey Bogart), Susan Anspach (Nancy), Jennifer Salt (Sharon), Viva (Jennifer), Joy Bang (Julie).

Résumé du scénario :

Cinéphile dément, Allan Félix occupe tout son temps – et pas seulement ses loisirs – dans les salles obscures. Il en délaisse tellement sa jeune femme que celle-ci finit par le quitter. Se retrouvant seul, Allan est désespéré et sombre dans une véritable dépression nerveuse. C'est un couple d'amis, Dick et Linda, qui s'occupe de lui, tentant de lui trouver des dérivatifs. Mais rien n'y fait...

Au cours de sa dépression, son idole cinématographique qui n'est autre qu'Humphrey Bogart lui apparaît régulièrement. Bogey tente même de lui inculquer sa méthode de séduction pour tomber toutes les femmes. Mais Allan est décidément trop timide et ne réussit pas à imiter Bogart. Un soir pourtant, avec Linda, la femme de son meilleur ami, il passe cependant à l'action tentant de mettre en pratique les conseils de Bogart. Et cela marche ! Mais comment aborder maintenant la question avec Dick ? L'homme se rend très vite compte de la situation et préfère partir pour l'aéroport, abandonnant son épouse dans les bras d'Allan. Linda s'aperçoit à temps qu'elle aime toujours son mari et se précipite sur ses talons. Quant à Allan, qui regrette que pour une fois sa tentative de séduction ait réussi, il préfère aussi rompre avec Linda pour conserver sa belle amitié qui l'unit à Dick.

Bogart réapparaît une dernière fois et dit à Allan Félix qu'il est très fier de lui...

Quelques critiques :

« Ce Harold Lloyd au teint d'endive jouit depuis peu d'une réputation qui me paraît surfaite mais qui vient essentiellement de l'absence de tout comique d'envergure aux Etats-

Unis, si l'on excepte les rares bons films de Jerry Lewis. »

Jean-Loup PASSEK, Cinéma 73.

« Le verbal l'emporte chez lui sur le visuel, l'esquisse et l'inachevé prennent le pas sur l'élaboration cohérente d'un personnage central autour duquel s'ordonnerait un univers reconnaissable. »

Olivier EYQUEM, Positif.

« Woody Allen, révélation de l'année, nous revient aujourd'hui avec un long métrage au comique toujours aussi virulent dans l'absurde mais à l'intérêt bien moindre... Je crois qu'en fait le grand apport d'Allen dans l'expression cinématographique, était l'exploitation d'un comique visuel que jamais, auparavant, on n'avait exploité. Or, ici, il retombe très nettement dans le comique verbal et son personnage comme son jeu y perdent une grande part de leur attraction... C'est dommage car Woody Allen représentait un tel oxygène dans la production internationale qu'on était tout prêts à ne plus tarir d'éloges sur son compte... Espérons seulement que son prochain film nous rassure sur la pérennité d'un personnage dont la sympathie nous oblige à l'indulgence. »

Dominique MAILLET, La Saison cinématographique 1973.

1972 : **TOUT CE QUE VOUS AVEZ TOUJOURS VOULU SAVOIR SUR LE SEXE SANS JAMAIS OSER LE DEMANDER**
(Everything you always wanted to know about sex but were afraid to ask)

Réalisateur : Woody Allen.

Fiche technique :

Scénario : Woody Allen.
D'après l'œuvre du Docteur David Reuben.

Directeur de la photographie : David M. Walsh.
Musique : Mundell Lowe.
Chanson de : Cole Porter.
Décors : Marvin March.
Son : John Strauss.
Directeur de production : Brodsky-Gould.
Production : Charles H. Joffé et Jack Rollins.
Distribution : Artistes Associés.
Durée 1 h 30. – En couleurs.
Sortie à Paris le 31 mai 1973.

Fiche artistique :

Woody Allen (le bouffon, Fabrizio, Victor, le spermato-zoïde), John Carradine (Docteur Bernardo), Louise Lasser (Gina), Lou Jacobi (Sam), Anthony Quayle (le roi), Gene Wilder (Docteur Ross), Lynn Redgrave (la reine), Titos Vandis (Milos), Ref Sanchez (Igor), Jack Barry (l'animateur de télévision), Burt Reynolds (le standardiste), Tony Randall (l'opérateur) et Tony Holt, Elaine Giftos et Pamela Mason.

Résumé du scénario :

Le scénario se compose de sept sketches différents.

1. Les aphrodisiaques sont-ils efficaces ?

Le fou du roi est amoureux de la reine. Il lui fait boire une décoction aphrodisiaque qui produit immédiatement son effet. Malheureusement, alors que le roi s'annonce, le bouffon referme la ceinture de chasteté de la reine en y emprisonnant sa main droite...

2. La sodomie, qu'est-ce que c'est ?

Le docteur Ross accueille une brebis dont un client, Milos, berger arménien, est amoureux. La brebis est si jolie, si sexy, que le docteur tombe follement amoureux d'elle à son tour...

3. Pourquoi certaines femmes ne peuvent atteindre l'orgasme ?

Gina, l'épouse d'un jeune Italien prénommé Fabrizio, ne manifeste pendant l'amour aucune émotion. Un concours de

113

circonstances permettra de découvrir qu'elle ne peut éprouver du plaisir que sous la menace d'un danger. Ainsi, Gina atteint l'orgasme dans des lieux publics : au Musée, au restaurant... et jusqu'à l'intérieur du Vatican !

4. Les travestis sont-ils des homosexuels ?

Sam, un quinquagénaire qui est pourtant marié, adore s'habiller de vêtements féminins. Mais un jour, dans la rue, il se fait voler son sac à main ! Un véritable attroupement se forme autour de lui, ce qui ne le met pas réellement à l'aise...

5. Qu'est-ce que la perversion sexuelle ?

Une grande émission de télévision se déroule sur ce thème, intitulée « Quel est mon vice ? » C'est le célèbre présentateur Jack Barry qui l'anime. Les jeux télévisés sont-ils toujours aussi sérieux que certains l'affirment ?

6. Les expériences médicales sur le sexe donnent-elles des résultats satisfaisants ?

Victor, un jeune biologiste, arrive en compagnie d'une journaliste chez le docteur Bernardo qui se livre à des expériences biochimiques, électriques, etc., sur les rapports sexuels. Le laboratoire est détruit accidentellement, laissant s'évader le sein géant qui va ravager la campagne. Pour le piéger, les forces de l'ordre devront utiliser un gigantesque soutien-gorge.

7. Que se passe-t-il pendant l'éjaculation ?

Une reconstitution (fantaisiste) de la physiologie humaine considérée comme un ensemble de laboratoire où s'agitent des milliers de savants et de manœuvres. L'un est responsable du cerveau, un autre de la vue, un autre de l'érection. Les petits spermatozoïdes s'apprêtent à « prendre l'air »...

Quelques critiques :

« N'attendez pas que Woody Allen devienne à la mode pour aller vous divertir à son humour pervers et

114

mélancolique. Rions d'abord, la gloire viendra plus tard. »

Pierre BILLARD, *Le Journal du Dimanche*.

« Fausse adaptation – fausse parce que parodique – d'un livre de vulgarisation sexologique qui eut un énorme succès aux Etats-Unis, le troisième film de Woody Allen tranche sur les deux précédents pour deux raisons : il est constitué de sketches (donc soumis à des tentations hétérogènes) et surtout il développe une partie seulement des ressources humoristiques de son auteur. Et de ce point de vue, il est à la fois moins explosif et moins réussi que le très brillant *Bananas*.

« Si l'ensemble des sketches répond à une attitude globalement parodique (qu'on appréciera grâce à l'universalité des questions auxquelles répondent les ouvrages du genre visé, et cela dans tous les pays occidentaux ou presque), les meilleurs sketches sont aussi les parodies les plus évidentes : parodie du théâtre shakespearien (numéro 1), des jeux télévisés (numéro 5), du film d'épouvante (numéro 6) auxquels s'ajoute le numéro 7 tellement fantastique dans l'invention qu'il renie toute référence. Les autres sketches contiennent également des éléments parodiques : la psychanalyse, le mâle italien, l'amour fou (sketches 2 et 3) et qui sont en d'autres moments réduits à de simples personnages allusifs. C'est en ce sens que, choisissant trop uniment cette veine, Woody Allen néglige d'autres aspects de son style mieux rendus par « Bananas » et dans les meilleurs moments de « Take the money and run ».

« Mais on dit lui reconnaître un talent réel bien que les dialogues (massacrés par le sous-titrage comme dans les versions doublées), ne soient pas, malgré tout, à la hauteur des idées de base. L'absurde éclate dans la parodie des films d'épouvante avec ce sein gigantesque qui dévaste les campagnes et que Woody Allen pourra capturer (car il a avec ce genre de choses un « vieux compte à régler ») et plus encore dans le dernier sketch, où, en particulier, son personnage déjà fameux (actes manqués, trac paralysant,

115

etc.) apparaît sous les traits d'un spermatozoïde angoissé, perdu dans la masse de ses semblables...

« Humour qui parfois se laisse aller à quelques facilités, qui ne répugne pas au clin d'œil et n'hésite pas devant les trouvailles les plus grosses : Woody Allen ne se contente pas de mettre en place ses gags. Mais parfois la satire prend des dimensions sociales et débouche sur une certaine inquiétude qui – paradoxalement – se développe dans les deux sketches les plus fous (6 et 7) et – c'est un avis personnel – plus encore dans la parodie des procédés de la télévision, où les problèmes sexuels et les vices deviennent spectacle et jeu (où l'on gagne de l'argent si les concurrents ne devinent pas la perversion avouée par le candidat !). »

Daniel SAUVAGET, *La Saison cinématographique 1973*.

1973 : **WOODY ET LES ROBOTS**
     (Sleeper)

Réalisateur : Woody Allen.

Fiche technique :

Scénario : Woody Allen et Marshall Brickman.
Directeur de la photographie : David Walsh.
Musique : Woody Allen.
Décors : Gary Moreno et Dale Hennesy.
Directeur de production : Jack Grossberg.
Production : Jack Rollins et Charles H. Joffé.
Distribution : Artistes Associés.
Durée 1 h 28. – En couleurs.
Sortie à Paris en juin 1974.

Fiche artistique :

Woody Allen (Miles Monroe), Diane Keaton (Luna), John Beck (Erno), Marya Small (Docteur Nero), Bartlett Robinson (Docteur Orva), Mary Gregory (Docteur Melik), Chris Forbes (Fainer), Peter Hobbs (Docteur Dean), Spencer

Milligan (Jeb), Stanley Ross (Sears), Withney Rydbeck (Janus), Lou Picetti et Brian Avery.

Résumé du scénario :

Miles Monroe a trente-cinq ans en cette année 1973. Il entre dans un hôpital pour y faire soigner un ulcère. Restaurateur macrobiotique et musicien de jazz à ses moments perdus, Miles se retrouve congelé et n'est réanimé que deux siècles plus tard, en 2173. Il s'éveille dans une capsule en cette année où la société est entre les mains des robots et des ordinateurs. Ceux-ci sont dirigés par des savants tout-puissants eux-mêmes commandés par un dictateur bête et méchant que tout le monde appelle « Le Chef ». Afin d'échapper au lavage de cerveau qui l'attend, Miles se déguise en robot ménager après avoir été pris en mains par les Docteurs Melik et Orva. Recherché par la police d'Etat, lorsque les praticiens eux-mêmes ont été incarcérés comme opposants au gouvernement, il se croit en sécurité sous cette apparence. Mais il se trouve rapidement dépassé par les gadgets tandis qu'il est au service de Luna, une poétesse qui n'aura de cesse de lui faire retoucher le cerveau. Un pudding gonfle trop vite et envahit la maison comme un raz de... pudding ! Luna ne tarde pas à se rendre compte que ce robot doit avoir un vice de fabrication et elle le renvoie à l'usine pour qu'il soit révisé, c'est-à-dire démonté en mille morceaux. Devant cette alternative vitale, Miles n'a d'autre issue que de prendre la fuite.

Une poursuite désopilante s'engage au cours de laquelle la police de 2173 essaie de mettre la main sur ce robot récalcitrant qui perturbe le bon ordre aseptisé de ce monde mécanisé.

Quelques critiques :

« A voir à tout prix en cette époque où le rire au cinéma est bien rare. »

Henry CHAPIER, *Le Quotidien de Paris.*

117

« C'est le sacre de ce masochiste de génie, prince de la peau de banane. »

Robert BENAYOUN, *Le Point.*

« Utopie, critique acerbe de l'Amérique actuelle, avec ses complexes, son matriarcat, avec ses tares de société de consommation, culte du gadget, de la nouveauté, de la facilité, culte des idoles en tous genres, que Woody Allen égratigne en passant. »

Jacqueline LAJEUNESSE, *La Saison cinématographique 1974.*

« Woody Allen, acteur désopilant et irrésistible. »

Jean-Luc DOUIN, *Télérama.*

« Film drôle sorti tout droit du cerveau de Woody Allen. »

Claude GARSON, *L'Aurore.*

« A côté de gags cocasses et désopilants, on trouve, dans ce film, sous le prétexte de l'anticipation, une critique de la société américaine actuelle et d'une civilisation submergée par la mécanisation. Une comédie délirante pour les amateurs du genre et qui, en même temps, s'approfondit de certaines résonances angoissées dans le portrait de cet homme confronté aux objets qui risquent de l'anéantir. Woody Allen est devenu un "personnage" au même titre que Charlot ou Buster Keaton, et son comique est fait de cette présence déboussolée, irrésistible, plus que d'effets caricaturaux surajoutés. »

Analyse générale des films 1974.

« Après les Marx Brothers, Jerry Lewis. Après Jerry Lewis, Woody Allen : il y a toujours un successeur dans l'heureuse famille des grands comiques américains. »

Jean de BARONCELLI, *Le Monde.*

1975 : **GUERRE ET AMOUR**
   (Love and death)

Réalisateur : Woody Allen.

Fiche technique :

Scénario : Woody Allen.
Directeur de la photographie : Ghislain Cloquet.
Musique : Serge Prokofiev (*Alexandre Newski* et *Ivan le Terrible*).
Décors : Willy Holt.
Directeur de production : Fred T. Gallo.
Production : Jack Rollins et Charles H. Joffé.
Distribution : Artistes Associés.
Durée 1 h 25. – En couleurs.
Sortie à Paris le 10 septembre 1975.

Fiche artistique :

Woody Allen (Boris Grouchenko), Diane Keaton (Sonia Volonska), Olga Georges Picot (Comtesse Alexandrovna), James Tolkan (Napoléon), Harold Gould (Anton Lebedkov), Sveen Scooler (le père de Boris), Despo Diamantidou (la mère de Boris), Luce Fabiole (la grand-mère), Fedor Atkine (Mikhail), Henri Czarniak (Ivan), Howard Vernon (Général Lévêque), Jessica Harper (Natacha), Hélène Vallier (Mme Wolf), Florian (oncle Nicolaï), Harry Hankin (oncle Sacha), Jacqueline Fogt (tante Ludmilla), Tony Jay (Vladimir Maximovitch).

Résumé du scénario :

   Russie, début du XIXᵉ siècle. Boris Grouchenko est le fils cadet d'une famille de propriétaires terriens (son père possède un lopin de terre qui tient dans la main). Il est amoureux de sa cousine, Sonia, avec laquelle il entretient de longs dialogues philosophiques. Sonia lui préfère un de ses frères, Ivan. Mais celui-ci se marie et, par dépit, Sonia épouse le marchand de harengs local, qu'elle ne tardera pas

119

à tromper ouvertement. Cependant, la guerre contre les Français venant d'éclater, Boris, qui est un pacifiste convaincu, et ses deux frères sont enrôlés. Après un entrainement intensif, il est contraint d'aller au combat. Se dissimulant dans un canon, il est propulsé sur l'état-major français où il jette le désarroi.

Revenu en héros à Moscou, il séduit, lors d'une rencontre à l'Opéra, la comtesse Alexandrovna. Il est aussitôt provoqué en duel par son amant. A la veille du duel, Boris retrouve Sonia devenue veuve. Elle lui promet le mariage s'il réchappe à la rencontre, hypothèse inconcevable face à un adversaire tireur d'élite. Mais Boris est seulement blessé, Sonia se voit donc obligée de l'épouser.

L'armée napoléonienne entame la campagne de Russie. Boris et Sonia quittent leur havre campagnard pour aller assassiner le tyran. Après moultes pérégrinations, ils parviennent enfin jusqu'à l'Empereur auprès duquel ils se présentent comme étant frère et sœur de haute noblesse espagnole. Séduit par Sonia, Napoléon se rend dans la chambre de celle-ci. Boris fait irruption et venge l'honneur de sa « sœur », déguisant le crime politique en crime passionnel. Las, ils n'ont tué qu'un sosie de l'empereur. Arrêté, Boris est condamné à mort. Dans sa cellule, un ange lui apparaît qui lui promet sa grâce, les balles tirées seront à blanc. Au petit matin, après l'exécution, Boris rejoint sa femme puis la quitte. Il s'éloigne en gambadant autour d'une silhouette blanche armée d'une faux.

Quelques critiques :

« On jubile... Une réussite. »

Gilles Jacob, *L'Express*.

« Un immense et profond éclat de rire. »

Guy Braucourt, *Les Nouvelles littéraires*.

« Drôle, malicieux et imprévu : Woody Allen. »

Jean-Louis Tallenay, *Télérama*.

« Après le phénoménal *Bananas*... On rit très souvent. »

François CHALAIS, Europe 1.

« Woody fait passer, plus que dans tous ses films précédents, une sorte d'amertume résignée mais joyeuse devant la mort. »

Max TESSIER, *Ecran*.

« Les gags se succèdent, plus drôles les uns que les autres. »

Michel MOHRT, *Le Figaro*.

« Woody, le héros le plus intelligent de toute l'histoire du cinéma parlant. »

Rémo FORLANI, *R.T.L.*

« On reste éberlué, abasourdi... C'est irrésistible. »

Robert CHAZAL, *France-Soir*.

« Le film le plus follement drôle de l'année. »

Jacques SICLIER, *Le Monde*.

« Le film témoigne de l'importance et de la qualité non-sensique du comique de Woody Allen. Il est surtout la somme des thèmes habituels de l'univers du cinéaste. L'angoisse de vivre, la peur du néant, autour desquels il se contentait jusqu'ici de tourner, sont abordés de front. »

Alain GAULIER, *La Saison cinématographique 1976*.

« Woody Allen sait faire rire de la façon la plus intelligente. »

Michel MARMIN, *Valeurs actuelles*.

1976 : **LE PRÊTE-NOM**
     (The front)

Réalisateur : Martin Ritt.

Fiche technique :

Scénario : Walter Bernstein.
Directeur de la photographie : Michael Chapman.
Musique : Dave Grusin.
Décors : Robert Drumheller.
Son : Jim Stewart.
Directeur de production : Martin Ritt, Charles H. Joffé.
Production : Jack Rollins et Charles H. Joffé.
Distribution : Warner-Columbia.
Durée 1 h 34. – En couleurs.
Sortie à Paris le 26 janvier 1977.

Fiche artistique :

Woody Allen (Howard Prince), Zero Mostel (Heckey Brown), Herschel Bernardi (Phil Sussman), Michael Murphy (Alfred Miller), Andréa Marcovici (Florence Barrett), Marvin Lichterman (Myer Prince), Remak Ramsay (Hennessey), Lloyd Gough (Delaney), David Margultes (Phelps) et Joshua Shelley, Norman Rose, Josef Sommer, Charles Kimbrough, Scott Mackay, Danny Aiello, David Clarke, Georgann Johnson et I. W. Klein.

Résumé du scénario :

    Alors que sévit la sinistre commission Mac-Carthy, un scénariste de télévision se voit placé sur la « liste noire » : on n'accepte plus ses sujets. Alfred Miller va donc proposer à un de ses amis, Howard Prince, de signer à sa place les dramatiques qu'il écrit. Phil Sussman, le producteur TV et son assistante, Florence Barrett, son enchantés de cette découverte. D'autant plus que Prince apporte régulièrement d'excellents textes, à l'inspiration diversifiée. Il n'a aucun mal à cela, puisqu'après ses premiers essais, il a augmenté son équipe de « liste noire » : quatre écrivains lui apportent leur production et tout en gardant un bon pourcentage, il leur permet de vivre. Pour Prince, tout est pour le mieux. Il est devenu riche, il est amoureux de Florence qui le lui rend bien et ce n'est que lorsque Heckey Brown se trouve mis sur la liste noire qu'il commence à se poser quelques questions.

Sussman laisse tomber le comédien qui se retrouve vite sans travail. Une officine privée enquête sur chacun, cherchant à savoir s'il a participé au comité d'aide à l'Espagne républicaine ou à tout autre comité anti-fasciste. Miller s'accroche violemment avec Prince qui se décide à avouer la vérité à Florence. Celle-ci rompt avec son amant. Le suicide de Heckey amène Prince, alors qu'il va passer devant une commission sénatoriale, à modifier totalement son attitude.

Quelques critiques :

« Un peu d'humour, beaucoup de drame, plus profond que drôle, plus inquiétant que souriant. Une œuvre marquante. »

Frédéric VALMONT.

« Les auteurs du *Prête-nom* témoignent contre le maccarthysme qui n'existe plus aujourd'hui mais qui peut toujours renaître sous d'autres formes... Une incitation à la vigilance pour que cette histoire-là ne recommence pas. »

Claude BENOÎT, *Jeune Cinéma*.

1977 : **ANNIE HALL**
(Annie Hall)

Réalisateur : Woody Allen.

Fiche technique :

Scénario : Woody Allen et Marshall Brickman.
Directeur de la photographie : Gordon Willis.

123

Musique : Carmen Lombardo.

Chansons : « Sleepy lagoon », interprétée par Tommy Dorsey ; « A hard way to go », interprétée par Tim Weisberg.

Cantiques de Noël interprétés par : The Do Re Mi Children's Chorus.

Décors : Robert Drumheller et Justin Scoppa.

Son : James Sabat.

Directeur de production : Robert Greenhut.

Production : Charles H. Joffé.

Distribution : Artistes Associés.

Durée 1 h 33. – En couleurs.

Sortie à Paris le 7 septembre 1977.

Fiche artistique :

Woody Allen (Alvy Singer), Diane Keaton (Annie Hall), Tony Roberts (Rob), Carole Kane (Allison), Paul Simon (Tony Lacey), Janet Margolin (Robin), Colleen Dewhurst (la mère d'Annie), Shelley Divall (Pam), Christopher Walken (Duane Hall), Donald Symington (le père d'Annie), Helen Ludlma (la grand-mère d'Annie), Joan Newman (la mère d'Alvy), Mordecai Lawner (le père d'Alvy), Ruth Volner (la tante d'Alvy), Jonathan Munk (Alvy enfant), Martin Rosenblatt (l'oncle d'Alvy), Dick Cavett (lui-même), Marshall MacCluhan (lui-même), Mary Boland (Miss (Reed), et Vince O'Brian, Humphrey Davis, Jeff Goldblum, William Callaway, Sigourney Weaver, Walter Bernstein, Charles Levin, Alan Landers, Roger Newman, John Glover, Lee Callahan.

Résumé du scénario :

Alvy Singer, comique professionnel, a quarante ans, dont quinze de cure psychanalytique et quelques certitudes : la vie est un restaurant de troisième ordre où l'on ne vous sert que les plats les plus mal cuisinés. Et l'existence se partage en deux, l'horrible et le désespérant. Pessimiste ? Comment ne le serait-il pas lui-même qui à douze ans apprit que l'univers risquait de nous faire faux-bond dans moins de deux millions d'années ? Lui qu'Annie Hall vient de quitter après un an de vie commune et qui essaie encore de comprendre pourquoi...

Après deux mariages ratés, Annie représentait la sérénité, le poli d'une éducation bourgeoise et protestante, etc. Elle portait moins d'intérêt que lui pour la mort (son sujet favori) mais elle fit un effort. Elle se mit à suivre des cours pour mieux l'accompagner dans ses introspectives vertigineuses et, lorsqu'il voulut l'empêcher de fumer un « joint » avant l'amour ou commença à la filer dans la rue pour s'assurer de sa fidélité, elle entra à son tour en analyse. Ils se séparèrent. Annie le rappela, à trois heures du matin, pour qu'il exterminat les araignées géantes qui s'étaient glissées dans sa salle de bains...

Elle fit ses débuts de chanteuse et reçut les félicitations d'une idole, Tony Lacey. Alvy se résolut à abandonner New York pour l'accompagner en Californie. Au retour, ils savaient que tout était fini. Annie repartit à Los Angeles. Alvy sortit avec des filles sans humour. Il fit un voyage inutile pour la rencontrer, se disputa avec elle et se fit auteur. Dans sa pièce tout se terminait bien...

Quelques mois plus tard, il la revit à New York. Elle vivait avec un type à qui elle avait fait connaître *Le Chagrin et la Pitié* le film préféré d'Alvy.

Quelques critiques :

« Placé sous le double signe du rire et de l'émotion *Annie Hall* apparaît comme le plus personnel et le plus autobiographique des films de Woody Allen. »

Les Fiches de « Monsieur Cinéma ».

« Depuis qu'il est tombé du divan de Freud, l'intellectuel new-yorkais a mal à sa quarantaine. Les cinq premiers Woody Allen étaient de jolis délires, *Annie Hall* est un beau film grave. »

Michel GRISOLIA, *Le Nouvel Observateur.*

« *Annie Hall* est le plus beau film de Woody Allen. Non parce qu'il est parvenu, comme Jerry Lewis et Mel Brooks, à franchir le cap qui sépare sa formation de comique verbal des exigences du langage cinématographique, mais parce que l'origine en partie autobiographique du sujet l'a, semble-t-il, inspiré, et confère au film une unité, une tendresse et une émotion qui suscitent l'adhésion et font oublier les défauts de l'œuvre. »

Alain GAREL, *La Saison cinématographique 1978*.

« Artiste de variétés, Alvy Singer écrit sa première pièce avec un épisode de sa vie. Et ainsi de suite : le théâtre dans le cinéma, la fiction dans la fiction, et la fiction qui s'interrompt, mais c'est encore une histoire, et de la poésie, une façon de se débarrasser de soi en s'offrant aux autres, et d'expliquer comment on procède ».

Claire DEVARRIEUX, *Le Monde*.

1978 : **INTÉRIEURS**
(Interiors)

Réalisateur : Woody Allen.

Fiche technique :

Scénario : Woody Allen.
Directeur de la photographie : Gordon Willis.
Musique : Tommy Dorsey.
Décors : Daniel Robert et Mario Mazzola.
Son : Nat Boxer.
Directeur de production : John Nicolella.
Production : Jack Rollins et Charles H. Joffé.
Distribution : Artistes Associés.
Durée 1 h 31. – En couleurs.
Sortie à Paris le 13 décembre 1978.

Fiche artistique :

Kristin Griffith (Flyn), Mary Beth Hurt (Joey), Richard Jordan (Frederick), Diane Keaton (Renata), E. G. Marshall (Arthur), Géraldine Page (Eve), Maureen Stapleton (Pearl), Sam Waterston (Mike), Missy Hope (Joey enfant), Kerry Duffy (Renata enfant), Nancy Collins (Flyn enfant), Penny Gaston (Eve, jeune femme), Roger Morden (Arthur, jeune homme), Henderson Forsythe (le juge Bartel).

Résumé du scénario :

Elles sont trois sœurs dans une famille aisée et cultivée : Renata, Joey et Flyn. Et chacune est déjà engagée dans la vie adulte le jour où leur père annonce sa décision de quitter le foyer. Eve, la vieille mère, déjà fragile, supporte mal ce séisme affectif. Et chez les trois filles le contrecoup précipite les crises latentes. Particulièrement chez Renata et son mari, tous deux écrivains, et chez Joey, la cadette, que la réussite de Renata écrase et empêche de trouver sa voie.

Malgré ses dénégations et les attentions de ses filles, l'état de la mère empire. Et le jour où son mari lui apprend son désir de divorcer, pour épouser une autre femme, elle tente de se suicider.

Le remariage a cependant lieu sous le regard condescendant des trois filles qui comprennent mal le choix que leur père a fait d'une femme quelque peu rustaude. Mais pendant la nuit qui suit la réception, la mère s'enfuit de la maison de repos et rode autour des festivités. A la suite d'une explication orageuse entre elle et Joey, celle de ses filles qui lui était le plus attachée, la mère s'éloigne vers la mer et se noie. Joey manque de mourir aussi en voulant la ramener sur la plage. Et c'est la nouvelle femme de son père qui la ranime en pratiquant un salutaire bouche à bouche.

Quelques critiques :

« Dans cette peinture — sociologique malgré son caractère confiné — de la décrépitude, d'un schéma typiquement nord-américain, le matriarcat puritain, Woody Allen n'embouche aucun clairon indicateur d'une marche à suivre. Son propos s'arrête au constat. Et il choisit pour cela les délicats instruments de l'introspection. Si le nom de Bergman a été aussitôt prononcé devant cet « Interiors », il s'agit plutôt d'un effet du brutal changement de registre opéré par l'hurluberlu patenté Woody, virant soudain au « psy » grand teint. Car hormis des parentés formelles, l'argumentation profonde du scénario fonctionne sur un mode beaucoup plus politique que psychanalytique. La très grande minutie de la construction dramatique (présentation ordonnée des personnages, clarté limpide des rôles et des situations que reprennent d'ailleurs, au plan de la caméra, des cadrages aussi construits que se peut) a pour effet d'abord de décevoir peut-être les aficionados du Suédois par une planification des interrelations par trop rigide mais, dans un second temps, de poser le champ psychanalytique et psychologique en général comme matériau, signe non clos en soi, mais construisant, comme les briques d'un mur, un discours autre. Avec ces rubans de papier adhésif noir que la mère utilise pour fermer les interstices de l'appartement, avant d'ouvrir le gaz, les portes et les fenêtres blanches sont par avance endeuillées. Et c'est tout ce que le film donnera à voir de la tentative de suicide : son signe, son symbole mortuaire. Semblablement à tout le dédale œdipien, frustré, projectionnel, mis à nu sans complications, de toute évidence n'est qu'un signe. Celui qu'un certain groupe social est en voie de disparition, en grand danger d'essoufflement. Essoufflées l'intelligentsia, les belles lettres, la culture, au bout du rouleau...

« Et qu'est-ce qui vient à la place ? Qu'est-ce qui a du souffle (au propre et au figuré) ? Une sorte de brunasse facile, plutôt épaisse (sourions au passage à la mysoginie narquoise de l'auteur), qui remplace dans le cœur du père les raffinements de la Nouvelle-Angleterre par les plaisirs clinquants de Las Vegas. L'auteur fait juger cette femme d'abord bête, puis attanchante, de plus en plus, et finalement salvatrice... grâce à sa bouche, l'instrument même de la vulgarité. Triomphe débilitant de la consommation écervelée ou effondrement soulageant de l'aristocratie sophistiquée ? Woody Allen s'arrête au constat. »

Jean-Louis Cros, *La Saison cinématographique 1979*.

« Le pire qui pourrait arriver au film de Woody Allen serait qu'on le rapproche de Bergman... »

Jean-Paul FARGIER, *Les Cahiers du Cinéma*.

1979 : **MANHATTAN**
(Manhattan)

Réalisateur : Woody Allen.

Fiche technique :

Scénario : Woody Allen et Marshall Brickman.
Directeur de la photographie : Gordon Willis.
Musique : George Gershwin.
Chansons interprétées par : The New York Philharmonic Zubin Mehta.
Au piano : Paul Jacobs.
Directeur artistique : Mel Bourne.
Décors : Robert Drumheller, Justin Scoppa, Morris Weinman, Cosmo Sorice, James Sorice.
Son : Ray Moore et Bud Graham (pour la musique).
Ingénieur du son : James Sabat.
Costumes : Albert Wolsky.
Directeur de production : Martin Banzig.
Production : Charles H. Joffé.
Distribution : Artistes Associés.
Durée 1 h 36. – Noir et blanc.
Sortie à Paris le 5 décembre 1979.

Fiche artistique :

Woody Allen (Isaac Davis), Diane Keaton (Mary Wilke), Michael Murphy (Yale), Mariel Hemingway (Tracy), Meryl Streep (Jill), Anne Byrne (Emily), Karen Ludwig (Connie), Michael O'Donoghue (Dennis), Victor Truro, Tisa Farrow, Helen Hanft (les invités de la réception), Bella Abzug (l'invitée d'honneur), Gary Weis (le réalisateur TV), Kenny Vance (le producteur TV), Charles Levin, Karen Allen, David Rasche (les acteurs de la TV), Damion Sheller (Willie), Wallace Shawn (Jeremiah), Mark Linn Baker, Frances Conroy (les acteurs shakespeariens), Bill Anthony, John Doumanian (les propriétaires de Porsche), Ray Serra (le serveur à la pizzeria).

Résumé du scénario :

Isaac Davis, petite taille, calvitie galopante, quarante-deux ans, depuis vingt ans en analyse, divorcé de sa seconde épouse qui l'a abandonné pour aller vivre sa vie avec une femme... De temps en temps, arborant son tee-shirt de père divorcé, il sort avec son jeune fils Willie.

Il appartient au petit monde des intellectuels new-yorkais, vivant dans le « territoire » de Manhattan, travaille à la télévision, où il jouit d'une grande notoriété mais, sur un coup de tête, il vient de dénoncer un contrat rentable, s'acharne vainement à écrire un livre, achoppant sur le premier chapitre...

Jill, son ex-seconde femme envisage quant à elle de déballer leurs petits secrets dans un de ces livres « scandaleux » et intimistes dont l'Amérique est friande. Cette perspective atterre Isaac qui tente, maladroitement, de la dissuader de cette entreprise.

Isaac est aimé de Tracy, une grande et belle adolescente de dix-sept ans. Cet amour le rassénère et le comble physiquement mais il redoute de fixer cette liaison, vouée, selon lui, au désastre, en raison de la différence d'âge. Aussi refuse-t-il de la laisser venir vivre chez lui.

Séduit par Mary, la maîtresse de son ami Yale, qui, marié, est encombré de cette liaison avec celle-ci, il succombe avant de se donner à ce nouvel amour, avec la bénédiction de Yale et, après avoir, non sans rudesse, rompu avec une Tracy désespérée.

Mais Mary retourne à ses amours avec Yale et Isaac se retrouve seul. Affolé, il recherche Tracy, mais celle-ci est à la veille d'une long séjour à Londres et il est trop tard.

Quelques critiques :

« Après *Annie Hall* que l'on a considéré comme le plus personnel, le plus achevé, en tous cas le plus autobiographique de l'auteur, et après *Intérieurs,* première tentative exclusivement dramatique du comique américain, Woody Allen a réalisé son huitième film présenté au dernier Festival de Cannes où il a fait l'unanimité. L'un des évènements majeurs de la Croisette... »

Première.

« *Manhattan* conserve la profondeur d'introspection d'*Intérieurs* mais opère comme dans *Annie Hall* une synthèse du comique et du pathétique et inscrit en images ce mot fameux "l'humour est la politesse du désespoir". Admirable, le film amuse par son alacrité, son sens lucide de l'observation, il nous tend un miroir mais en contre-champ de la satire, sous le masque de la comédie, c'est un mélange pathétique et tendre d'où tout espoir n'est plus cependant tout à fait banni qui s'impose et nous touche, jusqu'aux larmes parfois...

« Aboutissement de la comédie juive selon Woody Allen, c'est la charge masochiste contre une intelligentsia déboussolée et tournant court dans le ghetto des valeurs qu'elle s'est construite, c'est Freud plus le non-sense, une thérapeutique discrète de l'angoisse par la dérision...

« Un très grand film magistralement construit sous une apparence désinvolte d'errance nonchalante et de vagabondage et dans lequel se mêlent satire, amertume, angoisse, alacrité, humour, tendresse, mais aussi, ténu, un certain espoir. Car ces paradis perdus par les intellectuels newyorkais que Woody Allen scrute avec une verve masochiste, et qui sont l'archétype le plus démonstratif des frustrés que la "civilisation américaine en crise a engendré, existent, sûrement, mais si difficiles à retrouver" ! »

Christian BOSSENO, *La Saison cinématographique 1980.*

131

1980 : **STARDUST MEMORIES**
   (Stardust memories)

Réalisateur : Woody Allen.

Fiche technique :

Scénario : Woody Allen.
Directeur de la photographie : Gordon Willis.
Décors : Steven Jordan.
Directeur artistique : Michael Molly.
Son : James Sabat.
Costumes : Santo Loquasto.
Directeur de production : Michael Peyser.
Producteur : Robert Greenhut.
Producteur exécutif : Jack Rollins et Charles H. Joffé.
Distribution : Artistes Associés.
Durée 1 h 30. – Noir et blanc.
Sortie à Paris le 3 décembre 1980.

Fiche artistique :

Woody Allen (Sandy Bates), Charlotte Rampling (Dorrie),
Jessica Harper (Daisy), Marie-Christine Barrault (Isobel),
Tony Roberts (Tony), Daniel Stern (l'acteur), Amy Wright
(Shelley), Helen Hanft (Vivian Orkin), John Rothman (Jack
Abel), Anne de Salvo (la sœur de Sandy), Joan Neuman (la
mère de Sandy), Ken Chapin (le père de Sandy), Leonardo
Cimino (le psychiatre de Sandy), Eli Mintz (le vieil homme),
Bob Maroff (Jerry Abraham), Gabrielle Strasun (Charlotte
Ames), David Lipman (George), Robert Munk (Sandy
enfant), Jaqui Safra (Sam), Sharon Stone (la fille dans le
train), Andy Albeck, Robert Fiedman, Douglas Ireland, Jack
Rollins (les responsables du studio), Howard Kissel (le
manager de Sandy), Louise Lasser (la secrétaire de Sandy),
Reneé Lippin (l'attachée de presse de Sandy), Max Leavitt (le
docteur de Sandy), Sol Lomita (le comptable de Sandy),
Irving Metzman (l'avocat de Sandy), Dorothy Leon (la
cuisinière de Sandy), Roy Brocksmith (Dick Lobel), Simon
Newey (Mr. Payson), Victoria Zussin (Mrs Payson), Frances
Pole (Libby).

Résumé du scénario :

Sandy Bates est un célèbre cinéaste qui se trouve actuellement dans le compartiment d'un train de banlieue à l'arrêt. Il est entouré de voyageurs silencieux et l'on comprend que ce train n'est qu'un cauchemar qui file dans la nuit pour aboutir... à une décharge publique !

Sandy aperçoit dans un autre train la femme de ses rêves, une fille blonde ravissante qui lui envoie un baiser du bout des lèvres. Il se lève brutalement tandis que le train démarre vers la direction opposée et que le mot « fin » apparaît sur l'écran.

Ceci est l'une des séquences du film de Sandy Bates, cinéaste juif new-yorkais adulé et célèbre pour son œuvre comique. Sandy en a assez d'être catalogué comme un comique justement, il en a assez des questions soi-disant cinéphiliques, des agressions inhérentes à sa célébrité, des admiratrices quémandant une dédicace sur un sein ou tout simplement la possibilité de passer une nuit avec lui. Dans cette salle de projection où nous nous retrouvons après la fin de cette séquence, Sandy revient à la réalité. Invité par un club de cinéphiles d'une petite station balnéaire de Long Island, il doit participer à un débat rétrospectif. Il va donc passer tout un week-end au « Stardust » et se retrouver ainsi confronté à ses souvenirs...

Sandy Bates mène une existence qui pourrait paraître heureuse mais il est toujours entouré de parasites. Son refuge : ses rêves de plus en plus fous. Il sait que ses admirateurs les plus inconditionnels n'ont rien compris à son œuvre. A travers ses fantasmes, il voit des extraits de films, que nous voyons en même temps que lui.

Sandy souhaitait vivre un week-end heureux avec Isobel, une jeune femme sur laquelle il comptait pour reprendre goût à la vie. Mais le tout se solde par un terrible échec. Dorrie, une femme énigmatique et névrosée, intervient à son tour. Sandy est amoureux d'elle mais il n'a que des ennuis à ses côtés. A cause de cette nouvelle rencontre, il est obligé de reprendre sa quête de la femme idéale... C'est ainsi qu'à Long Island, à l'hôtel Stardust, il fait la connaissance d'une jeune spectatrice, Daisy, différente des autres femmes, violoniste virtuose. Seule celle-ci semble être à la hauteur de l'amour que Sandy est prêt à lui porter. Elle possède assez de chaleur pour sauver le réalisateur de ses fantasmes. Il se détache cependant d'elle en repensant à Dorrie, l'interprète de son film. Quant à Isobel, française rayonnante auprès de qui il aurait souhaité trouver stabilité et amour, elle vient le rejoindre après avoir quitté son mari, mais en amenant avec elle ses deux enfants casse-pieds !

Sandy se rendra finalement compte que tout ce que l'existence peut apporter à un être humain, ce ne sont que quelques moments de grâce. Le train continue de filer dans la nuit et il arrive au milieu des extra-terrestres qui, eux aussi, préfèrent les films comiques de Sandy Bates, plutôt que ses drames philosophiques.

Quelques critiques :

« *Stardust Memories* est une œuvre plus difficile, surprenante dans la carrière de Woody Allen que l'on ne considère plus comme un comique depuis *Intérieurs* et *Manhattan*. Riche, difficile, originale, un film dans lequel il faut entrer. »

Frédéric VALMONT.

« Une nouvelle fois Woody Allen règle ses comptes... Tout cela pêle-même dans un rejet méprisant et caricatural qui peut satisfaire tant qu'il agit par pointes satiriques à cibles précises et qui devient positivement désagréable dans sa répétition et sa systélatisation, comme ici... Woody Allen a trop d'humour pour asséner ses quatre vérités avec une gravité pesante. C'est le plus souvent par des détails dérisoires que s'expriment ses hantises essentielles... Tout ceci en un récit éclaté et une mise en scène brillante qui sous-tendent à travers une telle introspective en public, une portée philisophique sur la création artistique et la relation de l'individu au monde. »

Gilles COLPART, *La Saison cinématographique 1981*.

134

1982 : **COMÉDIE ÉROTIQUE D'UNE NUIT D'ÉTÉ**
(A midsummer night's sex comedy)

Réalisateur : Woody Allen.

Fiche technique :

Scénario : Woody Allen et Marshall Brickman.
Directeur de la photographie : Gordon Willis.
Musique : *Symphonie n° 3 en la mineur* de Mendelssohn,
interprétée par Léonard Bernstein et The New York
Philharmonic ; *Concerto pour violon en mi mineur, Opus 64,*
de Mendelssohn, interprété par Vassil Stefanov et le T.V.R.
Symphony Orchestra ; *Concerto pour piano n° 2 en ré
mineur, Opus 40,* de Mendelssohn, interprété par Eugène
Ormandy et The Philadelphia Orchestra ; *Le Songe d'une
nuit d'été* de Mendelssohn, interprété par Eugène Ormandy
et le Philadelphia Orchestra.
Décors : Carol Joffé.
Directeur artistique : Speed Hopkins.
Son : James Sabat.
Costumes : Santo Loquasto.
Directeur de production : Robert Greenhut.
Producteur : Charles H. Joffé.
Distribution : Warner-Columbia.
Durée 1 h 27. – En couleurs.
Sortie à Paris le 13 octobre 1982.

Fiche artistique :

Woody Allen (Andrew), Mia Farrow (Ariel), José Ferrer
(Leopold), Julie Hagerty (Dulcy), Tony Roberts (Maxwell),
Mary Steenburgen (Adrian), Adam Redfield (Fox), Moshe
Rosenfeld (Hayes), Timpthy Jenkins (Thomson), Michael
Higgins (Reynolds), Sol Frieder (Carstairs), Boris Zoubok
(Purvis), Thomas Barbour (Blint), Kate McGregor-Stewart
(Mrs. Baker).

Résumé du scénario :

Au cours de l'été 1905, trois couples se réunissent dans
une maison de campagne pour célébrer un mariage. Andrew

et sa femme Adrian reçoivent Leopold, le cousin d'Adrian, accompagné de sa fiancée Ariel ainsi que le docteur Maxwell Jordan, meilleur ami d'Andrew et Dulcy, une jeune infirmière qui travaille à ses côtés.

Les quelques heures qui précèdent la cérémonie vont être l'occasion d'un chassé-croisé amoureux et burlesque, dans les bois et les prés, entre chien et loup, où chacun cédera à ses fantasmes. Ce qui aurait pu être un séjour parfaitement agréable et reposant va donner l'occasion à chacun des protagonistes de révéler ses faiblesses, ses désirs inavoués, ses frustrations. Andrew révèle ainsi à son ami Maxwell que sa vie sexuelle est complètement nulle, du moins dans le domaine conjugal. Quant à Andrew, il est bouleversé par l'arrivée d'Ariel qu'il a bien connue et beaucoup aimée autrefois. Sans le vouloir, la jeune fille trouble le cœur de Maxwell qui va bientôt prétendre être amoureux pour la première fois de son existence. Enfin, Adrian demande conseil à Dulcy, une femme émancipée, pour qu'elle l'aide à sauver son mariage qui bat de l'aile.

Leopold, le vieux professeur de philosophie, ennemi de toute croyance, commence aussi à être jaloux et irrité par les rapports entre Maxwell et Ariel. Face à Dulcy, il découvre à son tour une attirance presque animale et décide de conquérir la jeune femme pour « enterrer sa vie de garçon » avec elle.

Les événements se multiplient, ces six personnages grisés de vin et de plaisir, revivant leurs souvenirs, échangeant des serments éternels, cherchant à tromper la mort qui guette l'un d'eux, fraîche et joyeuse, pour l'emmener danser avec les elfes au clair de lune. Andrew comprend qu'il ne retrouvera jamais son amour de jeunesse avec Ariel et que son flirt avec le passé est inutile. Ariel réalise que Leopold est beaucoup trop vieux pour elle et préfère renoncer à son mariage pour s'intéresser davantage à Maxwell. Maxwell avoue à Andrew qu'il a été l'amant de sa femme, une nuit. Adrian retrouve une vie sexuelle avec son mari. Quant à Leopold, après une folle nuit d'amour, il meurt dans les bras de Dulcy après avoir accordé sa bénédiction aux deux couples...

136

Quelques critiques :

« ... C'est l'un des paradoxes d'Allen qui écrit et réalise des comédies en louchant vers la tragédie, qui se dit drôle sans le vouloir et qui, tout en admettant l'influence des grands humoristes de l'écran comme les Marx Brothers ou de la littérature anglo-saxonne comme Robert Benchley, déclare que faire du cinéma, c'est pour lui "une thérapie" qui le délivre de ses angoisses et de ses obsessions de la maladie et de la mort. »

Les Fiches de « Monsieur Cinéma ».

« Les songes et les sourires de cette nuit d'été se situent quelque part entre Shakespeare et Bergman... Mais à ces jeux subtils et graves, il faut ajouter l'humour de Woody Allen, ses obsessions et ses fantasmes. Et c'est là que tout se gâte un peu car Woody Allen se répète, au décor et à l'époque près. »

François CHEVASSU, *La Saison cinématographique 1983.*

« Après les incertitudes et les douloureuses ruminations de *Stardust Memories* voici sans doute le film le plus limpide et le plus heureux de Woody Allen. Un retour au passé rythmé par la musique de Mendelssohn, traversé de références à l'ompressionnisme et au romantisme allemand, nourri par le souvenir de Shakespeare et d'Ingmar Bergman. »

Frédéric VALMONT.

1983 : ZELIG
   (Zelig)

Réalisateur : Woody Allen.

Fiche technique :

Scénario : Woody Allen.
Directeur de la photographie : Gordon Willis.

Musique : Dick Hyman.
Décors : Mel Bourne et Joseph Badalucco.
Directeurs artistiques : Gail Sicilia et Speed Hopkins.
Son : James Sabat.
Costumes : Santo Loquasto.
Directeur de production : Robert Greenhut.
Producteur : Charles H. Joffé.
Distribution : Warner Bros.
Durée 1 h 20. – Noir et blanc.
Sortie à Paris le 14 septembre 1983.

Fiche artistique :

Woody Allen (Leonard Zelig), Mia Farrow (Docteur Eudora Fletcher), John Buckwalter (Docteur Sindell), Marvin Chatinover (l'endocrinologue), Stanley Swerdlow (le diététicien), Paul Nevens (Docteur Birsky), Howard Erskine (un médecin), George Hamlin (le chimiothérapeute), Ralph Bell, Richard Whiting, Will Hussong (des médecins), Robert Iglesia (l'homme chez le barbier), Eli Resnick (l'homme dans le parc), Edward McPhillips (l'Ecossais), Gale Hessen, Michael Jeeters (des étudiants de première année), Peter McRobbie (l'orateur du meeting), Sol Lomita (Martin Geist), Mary-Louise Wilson (Ruth), Alice Beardsley (la standardiste), Paula Trueman (la femme au téléphone), Ed Lane (l'homme au téléphone).

Acteurs de *The Changing Man* :

Marianne Tatum (Docteur Fletcher), Charles Denney (le médecin), Michael Kell (Z. Koslow), Garrett Brown (Zelig), Sharon Ferrol (Miss Baker), Richard Litt (Charles Koslow), Dimitri Vassilopoulos (Martinez), John Rothman (Paul Deghuee), Stephanie Farrow (Meryl), Francis Beggin (l'orateur à l'Hôtel de Ville), Jean Trowbridge (la mère du docteur Fletcher), Ken Chapinn (l'interviewer), Gérard Klein et Vincent Jerosa (les invités chez Hearst), Deborah Rush (Lita Fox).

Résumé du scénario :

« L'Homme-Caméléon »...

Einstein déclara au sujet de *Zelig* : « Les générations à venir auront peut-être de la peine à croire qu'un homme comme celui-ci ait jamais existé en chair et en os sur cette terre. »

Zelig, pourtant a bel et bien existé. Chacun s'accorde aujourd'hui à voir en lui une des figures les plus fascinantes et les plus énigmatiques de notre siècle.

De Gaulle pensa lui dédier le premier paragraphe de ses *Mémoires* : « Toute ma vie, je me suis fait une certaine idée de Zelig. » Proust attaque le premier jet de la *Recherche* sur cet aveu : « Longtemps je me suis couché tôt... sans Zelig. » Garbo soupira un jour, rêveuse : « I want be alone... with Zelig. »

Mais qui fut Leonard Zelig ?

L'être le plus célèbre, et pourtant le plus obscur de son temps ; le plus heureux et parfois le plus infortuné. Mais fut-il, au sens strict du terme, un homme ? Les avis diffèrent sur cette question fondamentale : certains, non sans raisons, ont vu en Zelig un reptile, qui n'avait d'humain que l'apparence... Dès le début des années 20, de multiples témoignages attestent, en effet, que Zelig était parvenu, très jeune, à changer de forme, de taille, de poids et de teint au gré des circonstances :

En présence d'un obèse, il grossissait à vue d'œil, face à un Noir, il noircissait. Aux côtés d'un Chinois, ses yeux se bridaient, son teint jaunissait irrésistiblement, et il ne parlait plus que par aphorismes, empruntés à Confucius et Charles Chan.

On n'arrivait pas à le situer socialement, ni politiquement. D'aucuns juraient qu'il était de la gentry, et fervent républicain. D'autres qu'il était d'extraction populaire, et de tendance démocrate. Les serveurs de « speakeasies » croyaient Zelig acoquiné avec Dillinger. Des écrivains comme Eugene O'Neill et Scott Fitzgerald le prenaient pour un des leurs. A l'Opéra, on le croyait chanteur, et il eut son heure de gloire en remplaçant au pied levé un ténor défaillant dans *Paillasse*...

139

Un jour, des policiers l'ayant arrêté par hasard et assistant à l'une de ses métamorphoses, le conduisent en hâte à l'hôpital de Manhattan. Un infernal carrousel médical s'organise alors autour de Zelig. D'éminents spécialistes se succèdent à son chevet, diagnostiquent à tour de rôle des troubles digestifs, osseux, glandulaires, une tumeur, etc. Le patient continue, pendant ce temps, à se transformer. L'Amérique se passionne pour son cas. Les traitements restent inopérants...

Une jeune psychiatre, le docteur Eudora Fletcher, accueille ensuite Zelig dans son service et entreprend de le traiter par l'hypnose. Elle lui arrache quelques mots, révélateurs : « Je veux être aimé. » Elle rédige à son sujet un rapport circonstancié, et lui trouve un surnom qui fera fureur : « l'Homme-Caméléon ».

Partout on ne parle plus que de Zelig. La Warner lui consacre un mélodrame édifiant : *The Changing Man,* des chansonniers s'emparent de lui, on lui dédie une danse, on brode sur son nom des dizaines de fines plaisanteries.

Sa sœur, Ruth, se souvient alors de son existence. Elle le fait libérer, contre l'avis du docteur Fletcher, et lui organise une lucrative tournée mondiale. Zelig devient une célébrité internationale. Mais ses constantes métamorphoses l'usent, le vident de son peu de substance. Loin des regards, l'Homme-Caméléon n'est rien qu'une pauvre loque, prostrée et mélancolique. Ruth, cependant, mène la grande vie en compagnie de son amant, Martin Geist, et en Espagne, s'entiche d'un toréador. Un drame finit par éclater : Geist abat son rival, tue sa maîtresse d'une balle, puis se donne la mort. Zelig disparaît...

En Amérique, la nouvelle tombe dans l'indifférence générale : le krach de 1929 occupe tous les esprits. Seule Eudora Fletcher songe encore à cet homme qui a éveillé en elle le savant et la femme. C'est alors qu'un scandale éclate : lors d'une bénédiction papale, Zelig apparaît en effet au balcon du Vatican ! On l'expulse, et le docteur Fletcher le reprend en main. Elle lui consacre dès lors tout son temps et l'installe dans sa maison de campagne. Zelig, lui, s'installe dans un nouveau rôle de médecin-psychiatre. Débonnaire, il s'entretient avec Fletcher de ses patients. En se faisant passer pour une usurpatrice, la jeune femme finit cependant par le piéger : Zelig est forcé d'avouer qu'il n'est pas un médecin, et sous hypnose, fait à Fletcher une déclaration enflammée. Il est guéri, ou presque...

L'Amérique accueille cette guérison comme un miracle et fait de Fletcher et Zelig le couple de l'année. William Randolph Hearst les invite dans sa somptueuse résidence de San Simeon, où ils rencontrent Cagney, Chaplin, Marion Davies. Mais à peine ont-ils annoncé leurs fiançailles qu'un terrible scandale éclate : une danseuse, Lita Fox, révèle en effet qu'elle est la femme de Zelig, et exhibe un bébé à titre de preuve ! Une autre porte plainte pour le même motif suivie d'une troisième. Combien de vies et combien de femmes Zelig a-t-il donc laissées dans son sillage ? Des milliers d'Américains se souviennent soudain de l'avoir croisé, sous telle ou telle indentité, et d'avoir été sa victime. Un déluge de procès s'abat sur le malheureux qui disparaît une fois de plus.

Quel pays serait plus accueillant pour lui que l'Allemagne nazie où nul ne songerait à le chercher. Zelig qui avait toujours rêvé d'être assimilé, se fond dans la cohorte des chemises brunes. Les mois passent, Eudora se morfond... Un jour, enfin, durant les Actualités, elle repère dans la foule munichoise un visage familier. Elle part pour l'Allemagne, et après une longue et périlleuse enquête, retrouve Zelig dans un meeting, à la tribune des officiels. Ils échangent un signe de connivence, remarqué par Hitler : les SS se ruent sur eux, mais ils parviennent à s'évader en avion. Zelig, s'improvisant pilote, établit un nouveau record de vitesse dans la traversée de l'Atlantique...

A New York, c'est le délire. Sous les ovations d'une foule immense, Zelig déclare, modeste, qu'au psychotique intégral, rien n'est impossible. Sa maladie l'a sauvé une fois de plus. Il revient à Eudora de lui faire connaître une vie normale, qui se concluera platement, comme la plupart des vies humaines...

Quelques critiques :

« Invention du scénario, virtuosité technique, humour, émotion, *Zelig* est d'une exceptionnelle réussite. C'est aussi, peut-être, le film où, contrairement aux apparences, Woody Allen se révèle le plus tel qu'en lui-même, à travers l'histoire patiemment et savamment reconstituée d'un homme souffrant d'un pathétique besoin d'être aimé. Mais au-delà de cet autoportrait que constitue le film, *Zelig* porte un regard d'une fantastique acuité sur l'Amérique et son histoire. La plupart des soubresauts qui l'agitèrent et des grands courants qui la traversèrent sont évoqués par le biais d'un récit conduit avec une maîtrise confondante. Superbe. »

Pascal MARTINET, *La Saison cinématographique 1984*.

« De tous les films réalisés à ce jour par Woody Allen, *Zelig* est le plus proche de ses parstiches "philosophiques", le plus novateur sur le plan formel : un kaléidoscope visuel et sonore, où se mêlent à un rythme vertigineux, les références littéraires, cinématographiques et musicales : Kafka et le roman juif américain, *Citizen Kane, Reds, Elephant man,* le charleston et le musical des années 30... »

Frédéric VALMONT.

1984 : **BROADWAY DANNY ROSE**
(Broadway Danny Rose)

Réalisateur : Woody Allen.

Fiche technique :

Scénario : Woody Allen.
Directeur de la photographie : Gordon Willis.
Musique : Dick Hyman.
Décors : Les Bloom.
Directeur artistique : Mel Bourne.
Son : James Sabat.
Costumes : Jeffrey Kurland.
Directeur de production : Robert Greenhut.
Producteur : Charles H. Joffé.

Distribution : Parafrance.
Durée 1 h 25. – Noir et blanc.
Sortie à Paris le 3 octobre 1984.

Fiche artistique :

Woody Allen (Danny Rose), Mia Farrow (Tina Vitale), Nick Apollo Forte (Lou Canova), Craig Vandenburgh (Ray Webb), Herb Reynolds (Barney Dunn), Paul Greco (Vito Rispoli), Frank Renzulli (Joe Rispoli), Edwin Bordo (Johnny Rispoli), Gina de Angelis (la mère de Johnny), Peter Castellotti (un truand), Sandy Richman (Teresa), Gerald Schoenfeld (Sid Bacharach), Olga Barbato (Angelina), David Kissell (Phil Chomsky), Gloria Parker (la virtuose au verre d'eau), Bob et Etta Rollins (le numéro de ballons), Bob Weil (Herbie Jayson), David Kieserman (le propriétaire du cabaret), Mark Hardwick (le xylophoniste aveugle), Alba Ballard (la femme aux oiseaux), Maurice Shrog (l'hypnotiseur), Belle Berger (la femme en transe), Herschel Rosen (son mari), Cecilia Amerling (la fan dans la loge), Maggie Ranone (la fille de Lou), Charles d'Amodio (le fils de Lou) et Sandy Baron, Corbett Monica, Jackie Gayle, Morty Gunty, Will Jordan, Howard Storm, Jack Rollins et Joe Franklin dans leurs propres rôles.

Résumé du scénario :

Dans un bar, autour d'un verre, quelques comiques professionnels new-yorkais sont réunis. Ils se souviennent ensemble de Danny Rose, un petit impresario qui se battait pour imposer ses poulains, des garçons pas toujours de valeur. Danny Rose semblait avoir le don peu commun de ne découvrir que des ringards, des minables voués par avance à l'échec. Jusqu'au jour où il avait rencontré Lou Canova...

Lou Canova est une sorte de crooner italo-américain, séduisant bien qu'un peu rond, aux allures juvéniles, sentimental. Danny lui obtient, non sans mal, un intéressant contrat au Warldorf Asturia mais le soir de son entrée en scène, Lou Canova craque ! Il est visiblement incapable de

143

surmonter le trac qui s'empare de lui sans la présence de Tina, sa maîtresse, soutien moral indispensable. Danny n'a d'autre solution que de convaincre Tina à revenir auprès de Lou et pour cela il doit la rencontrer à plusieurs reprises. D'être aussi souvent vu auprès d'elle le fait prendre pour son nouvel amant. Cela ne réjouit guère Canova mais surtout attise la jalousie d'un fils Rispoli, autre homme repoussé par Tina qui tient maintenant à laver son honneur dans le sang, comme tout Sicilien qui se respecte.

Les Rispoli transformés en tueurs pourchassent Tina et Danny Rose qui ont bien du mal à leur échapper. Ils sont bientôt faits prisonniers, liés l'un à l'autre mais la débrouillardise et la chance leur vient en aide, leur permettant de s'évader...

Transformée par cette aventure, au lieu de tomber amoureuse de Danny, Tina commence à s'intéresser sérieusement à Lou Canova et décide de prendre en main la carrière du crooner. Pour commencer, elle lui conseille de changer d'impresario ! Cruellement déçu, Danny Rose n'a d'autre solution que de retourner à ses ringards, des dresseurs d'oiseaux sans avenir. Mais quelque temps plus tard, il apprend que Tina a quitté Lou. Pour elle, il est prêt à tout abandonner. Il est décidé à commencer une nouvelle vie dans laquelle l'amour sera son seul maître. C'est peut-être la seule chance de son existence et celle-là, il est décidé à ne pas la laisser passer.

Quelques critiques :

« *Broadway Danny Rose* marque pour Woody Allen un retour aux sources. En effet, il a lui-même connu l'univers des artistes de cabaret et a conçu le film comme un hommage. Malgré cette atmosphère nostalgique, il s'agit d'une véritable comédie, genre que Woody Allen avait un peu délaissé... »

Première.

« Mia Farrow est ici métamorphosée en blonde sophistiquée à lunettes noires, look inhabituel... Un hommage aux artistes de cabaret new-yorkais avec lesquels Allen a débuté. »

Les Fiches de « Monsieur Cinéma ».

1985 : **LA ROSE POURPRE DU CAIRE**
(The purple rose of Cairo)

Réalisateur : Woody Allen.

Fiche technique :

Scénario : Woody Allen.
Directeur de la photographie : Gordon Willis.
Musique : Dick Hyman.
Décors : Stuart Wurtzel.
Directeur artistique : Edward Tisoni.
Son : James Sabat.
Costumes : Jeffrey Kurland.
Directeur de production : Robert Greenhut.
Producteur : Charles H. Joffé.
Distribution : Fox Hachette.
Durée 1 h 21. – En couleurs.
Sortie à Paris le 29 mai 1985.

Fiche artistique :

Mia Farrow (Cecilia), Jeff Daniels (Tom Baxter et Gil Shepherd), Danny Aiello (Monk), Irving Metzman (le directeur du cinéma), Stephanie Farrow (la sœur de Cecilia), David Kieserman (le patron du restaurant), Elaine Crollman, Victoria Zussin, Mark Hammond, Wade Barnes, Joseph G. Graham, Don Quigley, Maurice Brenner (les clients du restaurant), Paul Herman, Rick Petrucelli, Peter Castellotti (les joueurs), Milton Seaman et Mimi Weddell (les acheteurs de billets), Tom Degidon (l'ouvreur), Mary Hedahl (la vendeuse de popcorn), Ed Herrmann (Henry), John Wood (Jason), Deborah Rush (Rita), Van Johnston (Larry), Zoe

145

Caldwell (la comtesse), Eugène Anthony (Arturo), Ebb Miller (le chef d'orchestre), Karen Akers (Kitty Haynes), Annie Joe Edwards (Delilah), Milo O'Shea (le père Donnelly), Peter McRobbie (le communiste), Camille Saviola (Olga), Juliana Donald (l'ouvreuse), Dianne Wiest (Emma), Ken Chapin, Robert Trebor (les reporters).

Résumé du scénario :

Cecilia vit dans une petite ville de province, au cours des années trente. Elle ne connaît pas le bonheur entre son mari qui la domine et son métier qui l'ennuie.

Sa seule satisfaction est de voir sur les écrans Gil Shepherd, un acteur célèbre dont elle est follement amoureuse. Shepherd est la vedette d'un film intitulé *La Rose pourpre du Caire*. Cecilia retourne donc inlassablement voir ce film... jusqu'au jour où son idole sort de l'écran, descend dans la salle et l'emmène...

Quelques critiques :

« Présenté hors compétition au Festival de Cannes, ce film aurait obtenu la Palme d'Or s'il avait concouru normalement. Pourquoi les chefs-d'œuvres sont-ils classés à part ? »

Frédéric VALMONT.

« *La Rose pourpre du Caire* marque l'aboutissement du travail entrepris depuis quelques années par Woody Allen et son équipe. Le scénario est un véritable défi à l'imagination cartésienne qui mêle des éléments chers à Lewis Caroll et les obsessions habituelles de l'auteur de *Zelig*. »

Première.

Achevé d'imprimer le 16 septembre 1985
sur les presses des Imprimeries Delmas
à Artigues-près-Bordeaux.

Dépôt légal : septembre 1985.
N° d'impression : 33742.